CARTULAIRE

DU PRIEURÉ

DE

SAINT - CHRISTOPHE

EN - HALATTE

CARTULAIRE

DU PRIEURÉ

DE

SAINT - CHRISTOPHE

EN ~ HALATTE

Publié sous les auspices

DU COMITÉ ARCHÉOLOGIQUE

de Senlis

PAR

L BB A V T I

Membre du Comité

SENLIS

IMPRI E P EN

———

M.D CCC.LXXVI.

HISTOIRE

DU PRIEURÉ

DE

Sᵀ-CHRISTOPHE-EN-HALATTE

INTRODUCTION

Le prieuré de Saint-Christophe, dont je vais essayer de retracer l'histoire, n'appartient pas à l'ancien diocèse de Senlis. Il a été fondé par des chanoines de Beauvais; il se trouvait sur la limite de ce diocèse, et sous la juridiction de son évêque; du moins en fut-il ainsi dans l'origine.

Mais la plupart de ses possessions et de ses revenus étaient dans le diocèse de Senlis; la forêt de Halatte, au milieu de laquelle il est bâti, et dont il possédait une notable partie, était administrée par un gouverneur résidant à Senlis. Si donc, en droit, Saint-Christophe appartient à Beauvais, en fait, il est bien plus souvent mêlé à notre histoire qu'à celle de son diocèse, et c'est à nous que revient la mission de réunir et de conserver les souvenirs qu'il a laissés, et qui serviront, ce nous semble, à éclairer plus d'un point obscur de nos annales, en même temps qu'ils pourront être de quelque utilité pour tous ceux qui jouissent maintenant des anciennes possessions du prieuré.

Les documents qui nous restent, je me hâte de le dire, regardent bien plus la vie extérieure, les relations du prieuré, les luttes qu'il eut à soutenir pour maintenir ses droits et les défendre contre des voisins ambitieux et avides, que sa vie intérieure. La raison en est bien simple. Afforty, qui a recueilli et copié toutes les pièces relatives à Saint-Christophe qu'il a pu découvrir, n'a trouvé nécessairement dans les archives, que des actes civils, des chartes de donation, des contrats de vente ou d'achat, des transactions de toute espèce. Quant à la vie intime des religieux, aux vertus qu'ils pratiquaient dans cette charmante retraite, ce sont là des faits qu'on n'a guère consignés sur le parchemin, et que l'infatigable chanoine n'a pu recueillir pour nous les transmettre. Aussi, malgré tout l'intérêt qu'ils eussent ajouté à cette histoire, bien aride par elle-même, nous en sommes réduits à de stériles regrets.

Fondation de l'abbaye. — Sa transformation en prieuré.

Depuis de longues années déjà, des religieux avaient choisi pour retraite une colline élevée qui domine une grande partie de la forêt d'Halatte. La petite abbaye *(abbatiola)* qu'ils habitaient, sise au milieu d'une terre qui porte le nom d'Hermenc, ou Hermene, appartenait aux chanoines de Saint–Pierre de Beauvais [1].

Ceux-ci, en 1061, avec l'agrément de l'évêque Goisbert et du clergé de l'Eglise, en firent l'abandon à un nommé Waleran, écuyer. Il était fils de Gautier, mais l'histoire n'a pas conservé le nom de sa mère.

Il eut quatre frères : Gauthier, archidiacre de Senlis, qui plus tard, dit Afforty, devint chanoine de Paris et évêque de Meaux, Hugues, Baudouin et Renault.

Waleran était déjà grand-chambellan ou chambrier de France en 1068. Il signa sous ce titre la charte de dédicace de Saint–Adrien de Béthisy, et plusieurs autres, parmi lesquelles il faut citer la charte approuvant la fondation de Saint-Vincent de Senlis, la charte de fondation de Saint-Quentin, de Beauvais [2].

---

[1] Gall. major., t. X, Instrumenta, p. 245; Afforty, t. X, p. 5341, 5499, 5522. L'histoire ne nous apprend rien de plus sur *l'abbatiola* qui précéda le prieuré.

[2] Gallia major, t. X, Instrumenta, p. 206, 247.

Saint-Christophe était un séjour aimé des rois de France. Ils y possédaient une résidence, et ils ont daté de nombreuses chartes de Saint-Christophe en Halatte [1]. Cette circonstance et la faveur dont jouissait le grand-chambrier, ne furent peut-être pas sans quelque influence sur la donation des chanoines de Beauvais; c'est qu'en effet, il est difficile de refuser quelque chose aux favoris des puissants, et on espère, au contraire, en leur donnant généreusement ce qu'ils désirent, en obtenir à son tour quelque utile compensation. Quoiqu'il en soit, Waleran prit à cœur les intérêts de la pauvre abbaye. Il voulut l'enrichir, la mettre à l'abri des attaques et des agressions de toute espèce qu'elle pouvait avoir à redouter de la part des voisins trop puissants et peu scrupuleux. Pour arriver à ce double but, il lui abandonna la terre d'Hermenc où était bâtie l'église, avec *toutes ses coutumes*, avec *tous les hostes, serfs et serves* qui lui appartenaient, les clos de vignes, les terres labourables, les prés, la forêt adjacente et les écuyers qui en tenaient des bénéfices, la métairie de Fleurines avec toutes ses dépendances, une partie de la métairie de Pontpoint, un clos de vignes à Rotheleu, dans la banlieue de Clermont, trois arpents et demi de vignes à Reus (Rieux); à Pont, une serve nommée Richilde avec ses enfants; à Senlis, un clos de vignes et un four; à *Amigny*, un hôte et un champ; à *Sineverie*[2], sur le territoire de Meaux, tout ce que Gauthier, son frère, y possédait; et enfin, deux parts de la dîme que l'église de Saint-Christophe tenait des chanoines de Notre-Dame de Senlis. Il se transporta ensuite à Compiègne, où se trouvait le roi Philippe, et, en présence de ses frères, Gauthier, archidiacre, Hugues, Baudouin et Renault, il demanda au roi de vouloir bien ratifier toutes ses donations, et accorder à l'abbaye un charte d'immunité. Philippe fit immédiatement rédiger cette charte

---

[1] J'en citerai pour exemple une charte de 1273, qui m'a été communiquée par M. l'abbé Gordière; une charte de 1290 par laquelle Philippe-le-Bel accorde aux religieux de Chaalis 60 l. parisis de rente à prendre sur la commune de Senlis tant qu'elle subsistera; une autre de la même année confirmant tous les dons faits par divers nobles personnages à la même abbaye. (Afforty, t. XVI, 580, 596).

[2] *Sennevières.*

par son chancelier Baudouin, et lui-même, d'accord avec sa mère, fit cession à Saint-Christophe, pour le repos de l'âme de son père Henri, des droits et revenus dont il jouissait sur la terre de Rieux. L'acte est daté des calendes de mai 1061, première année du règne de Philippe Ier [1].

Il fut confirmé en 1326 par Charles-le-Bel en ces termes :

Carolus, Dei gratia Francorum et Navarre rex, notum facimus universis tam presentibus quam futuris nos infra scriptas litteras, formam que sequitur continentes [vidisse] : In nomine sancte et individue Trinitatis, ego Philippus... [2]

Igitur, Prioris dicti loci Sti Christofori in Halata devotis precibus inclinati, supra scriptas litteras quasi jam nimia vetustate consumptas duximus innovandas, nolentes quod ex innovatione hujus modi novum jus dicto Prioratui acquiratur, sed antiquum per innovationem hujus modi conservetur illesum. Quod ut firmum et stabile permaneat in futurum, presentibus litteris nostrum fecimus apponi sigillum.

Datum apud Stum Christoforum in Halata, anno Domini millesimo trecentesimo vicesimo sexto, mense junii [3].

Là ne se borne pas la sollicitude de Waleran. Les moines de Saint-Christophe étaient tombés dans le relâchement, et, peu à peu, ils en étaient venus à une vie tout-à-fait séculière, et indigne de l'état religieux qu'ils professaient. Peut-être les abondants revenus dont Waleran les avait dotés, étaient-ils une des causes principales de ce relâchement; aussi s'empressa-t-il, pour conserver devant Dieu le mérite de son œuvre, de porter à leurs désordres un remède efficace. Pour se soumettre aux règles de l'ordre de Cluny, qui n'admettait que des prieurés, il enlève

---

[1] « *Actum Compendio anno Incarnationis D. N. J. C. MLXI indictione XIV, regnante* « *Philippo rege anno primo. Datum pridie calendas Maii.* » Cette expression, *calendas Maii,* nous explique pourquoi l'acte porte la date 1061, première année du règne de Philippe, tandis que les historiens le font monter sur le trône en 1060. L'année commençait alors à Pâques, et par conséquent, au mois de mai; l'année 1061 était commencée, mais il n'y avait pas encore un an que Philippe était monté sur le trône.

[2] Cart., p. 3.

[3] Afforty, t. X, 5499.

à Saint-Christophe son titre d'abbaye, et le cède sous le nom et avec les droits d'un prieuré aux religieux de la Charité-sur-Loire¹, qui appartenaient à cet ordre, à la condition expresse que Gérard, prieur de ce monastère, y établisse la règle de Cluny et y envoie quelques-uns de ses religieux pour suivre, dans toute leur perfection les lois de la vie monastique. L'acte fut dressé publiquement par Waleran, en présence de son fils Archambauld, de son maître d'hôtel Renaud, et de Richard de Pierrefonds. Le prieur de la Charité avait, de son côté, pour témoins, Raoul du Bosc, Ségaud, Guérin, Ebrard de Dun, Pierre, frère d'Archambaud, Le Brun de Sancerre.

L'acte fut ensuite déposé par Waleran lui-même, sur l'autel de Sainte-Marie de la Charité. Il est daté du 25 mai 1083, 24ᵉ année du règne de Philippe Iᵉʳ.

Afforty fait remarquer que Pierre, frère d'Archambauld, et par conséquent fils de Waleran, qui signe avec le prieur de la Charité, devait être du nombre des moines de ce couvent, puisque Gérard emploie pour distinguer ses témoins l'expression *ex nostris*. La conclusion ne nous paraît pas absolument rigoureuse, mais elle expliquerait pourquoi le grand-chambellan choisit l'ordre de Cluny et le couvent de la Charité pour relever Saint-Christophe. Rien n'était plus naturel que d'enrichir un ordre et un monastère où vivait un de ses fils.

RAOUL, *premier prieur.*

Pendant plus d'un siècle et demi, nous ne trouvons encore que des documents assez rares. Le premier est une charte de Gautier, évêque de Meaux ²; elle est signée par Raoul, prieur de Saint-Christophe, sans doute celui qui prit possession au nom de l'ordre de Cluny. Par cet acte, daté de 1091, l'évêque de Meaux donne au couvent de Saint-Christophe les revenus de la cure de Lagny-le-Sec, à condition qu'il lui sera payé

---

¹ Afforty, t. X, p. 5289. Cart., p. 5.
² Afforty, t. X, p. 5306; t. XIII, p. 497. Cart., p. 5.

dix sous pour droit de mainmorte, cinq sous à l'archidiacre, au doyen, au chantre et aux deux prévôts, un muids de vin aux chanoines, et un muids d'orge au sénéchal.

Il réserve également les droits ecclésiastiques, les droits de synode et de visite.

La donation était faite sur la demande de Waleran, qu'on pourrait appeler le second fondateur du monastère. Afforty, en rapportant cet acte, le trouve quelque peu entaché de simonie, parce que Waleran venait d'être appelé par Philippe Ier à la dignité de chambellan, et que, sans doute, l'autorité du roi son maître n'avait pas été sans influence sur la donation de l'évêque; mais la générosité qu'il montre lui-même envers le prieuré, le soin qu'il prit d'y restaurer les lois de la vie religieuse en y appelant des moines de l'ordre de Cluny, alors dans toute sa vigueur, ne sont-ils pas une réponse suffisante aux graves accusations du scru-puleux chanoine? D'ailleurs, Afforty est évidemment ici dans l'erreur, puisque la nomination de Waleran datait de vingt ans au moins.

Cet acte vint augmenter encore et presque doubler les possessions déjà considérables de Saint-Christophe, eu égard au petit nombre de religieux qui étaient appelés à y vivre.

Sans doute les menues dîmes de Lagny n'étaient pas toujours exac-tement payées, car déjà, en 1226, les moines de Saint-Christophe avaient recours à l'autorité des doyens de Notre-Dame et Saint-Frambaud, pour en obtenir le paiement, et ceux-ci, au nom du Souverain Pontife, dont ils étaient les représentants, en écrivirent à l'official de Meaux, pour le sommer de faire acquitter ces dîmes par les moyens ordinaires [1].

Depuis plusieurs années déjà [2], la terre de Lagny était la propriété des Chevaliers du Temple, et le commandeur de l'ordre, André de Coleurs, en 1210, reconnaît par acte solennel les différentes redevances de la commanderie de Lagny au prieuré de Saint-Christophe. Il n'est pas

---

[1] T. X, p. 5308. Cart., p. 9.
[2] Afforty; t. X, p. 5297. Cart., p. 12.

sans intérêt de les énumérer ici, et nous aurons plusieurs fois à nous en occuper dans la suite de cette étude.

La commanderie s'engageait à payer tous les ans, [pendant l'octave de la Purification, 50 muids de bon grain, mesure de Dammartin, moitié blé, moitié avoine, pour la terre de Lagny; 8 muids, moitié blé, moitié avoine, mesure de Gandelus, pour la terre de Reuil *(Radolium)* ou Villers près Gandelus; 20 muids, mesure de Troan, pour la terre de Troan; 5 muids, mesure de Troyes, pour la chapelle Galon, moitié seigle, moitié avoine; pour *Homeriacum* [1], 7 muids, moitié blé, moitié orge et avoine, mesure de Dun *(Dugnum)*. Cette même charte fut vidimée et approuvée par frère Ponce d'Ambon, commandeur des Templiers en 1240, et par Robert, évêque de Nevers, en 1243 [2].

GUIBERT

Vers l'an 1172, d'après Afforty [3], Guibert, prieur de Saint–Christophe, donna à Raoul, comte de Clermont et seigneur de Breteuil, sept arpents de terre sis à Montataire, entre les deux eaux, en échange d'un revenu annuel qui lui était dû pour le travers de Creil [4]. L'acte est signé par Hugues, abbé de Flay, et Jean, prévôt de Saint–Lucien.

En 1214, Renaud de Mantegna fait don au prieuré de la dîme qu'il possédait à Balagny, donation que confirma l'évêque Guérin; Bisendus de Forfery leur cède également ses droits sur cette dîme, en 1218, et Gui le Bouteillier, seigneur du fief de Balagny, ratifie toutes ces donations en 1221 [5].

En 1215, Thibaud, comte de Blois et de Clermont, leur cède, pour le

---

[1] Humières.
[2] Afforty, t. X, pp. 5446 et 5297. Cart., pp. 12 et 15.
[3] P. 5307. Cart., p. 6.
[4] Le droit de travers était le droit dont jouissaient certains seigneurs de lever un impôt sur toute marchandise qui était transportée à travers leurs terres. Ce droit était réservé au seigneur haut-justicier, ainsi que nous l'apprend la Coutume de Senlis (art. 93 et 105) : « Droit de travers est droit seigneurial de haute-justice. »
[5] Cart., pp. 7 et 8.|

salut de son âme, tous les droits dont il jouit sur une maison sise à Cinqueux, qu'on leur avait donnée. Mais aucun de ces actes ne nous apprend le nom du prieur qui gouvernait alors Saint–Christophe [1].

NICOLAS

Nous voyons cependant que les revenus du prieuré s'augmentaient tous les jours. D'après un acte de 1222, dressé sous le prieur Nicolas [2], il jouissait alors, à Villemétrie, du revenu de toutes les terres sises entre la route de Senlis à Barberie et le chemin de Senlis à Chaalis. La propriété s'étendait même jusqu'à Thiers, comme permet de l'affirmer cette phrase de la charte : *Terræ quæ sunt inter chiminum Caroliloci, et villam quæ appellatur Tiert.* L'orthographe seule du mot pourrait faire hésiter un instant, mais on sait combien elle variait à cette époque, et combien elle a varié depuis; et nous ne connaissons pas dans cette direction d'autre terre ou village qui ait porté ce nom.

Des discussions s'élevèrent entre les moines de Saint–Christophe et Foucauld de Balagny ainsi que les héritiers d'Ebard ou Ebrard, le Maire de Villemétrie. Alors, Etienne, prieur de la Charité-sur-Loire, régla l'amodiation de ces terres. Il en fixa le revenu à 11 muids de blé, un demi-muids d'hivernage et un demi-muids d'avoine, mesure de Senlis, rendus à Saint–Christophe dans l'Octave de la Saint-Martin d'hiver. L'acte fixait également les droits de vente que devaient toucher les moines en cas d'aliénation de tout ou partie de ces terres. Ils recevaient, en outre, à Villemétrie, 18 sous parisis de rente sur la maison et la vigne de Barthélemy Lathome (peut–être Le Carrier); 5 sous de cens et surcens sur la maison de Pierre Sarrazin; 13 sous de surcens de Barthélemy Fournier, sur un arpent de terre et 5 quartiers de vigne.

Rappelons seulement en passant diverses donations faites à cette

---

[1] Cart., p. 7.
[2] Cart., p. 9.

époque au prieuré, et les acquisitions qu'il fit vers le même temps [1]. C'est,
à Senlis :

Une masure *(mansura)* hors de la porte Saint-Sanctin, dans l'enclos
de Pierre Choisel ou de Choiseul;

La maison du Chapeau-Rouge;

A Rieux, des maisons formant une masure *(mansura)* et une vigne
près de l'église;

A Saint-Christophe, diverses pièces de terre, un fief et la dîme
dont jouissait le chapitre de Notre-Dame, moyennant 4 muids et demi de
blé et avoine;

Une pièce de terre à Balagny, près du cimetière;

A Villemétrie, un cens de 18 sous parisis, et un cens de 13 sous;

A Brenouille, un cens de 5 sous 2 deniers.

Cette dernière donation fut faite par Pierre Choisel, que nous venons
de nommer, et qui souvent dans la suite eut des relations beaucoup
moins amicales, aussi bien que sa famille, avec notre prieuré. Elles
commencèrent bientôt.

RAOUL II

Pierre de Choiseul, seigneur du Plessis, gruyer [2] de la forêt d'Halatte
pour le roi, contesta au prieur certains droits sur ses bois. Il prétendait
avoir seul le droit de haute et basse justice en ce qui concernait les
crimes et délits commis dans toute la forêt. Les moines, et à leur tête le
prieur Raoul II, revendiquèrent hautement pour eux le même droit.
Enfin, le prieur du couvent de la Charité-sur-Loire, qui était à cette
époque un des plus importants et des plus florissants monastères de
l'Ordre, intervint au nom de son subordonné, et une transaction fut
signée. Le prieuré conservait son autorité sur tous ses serfs et sujets et
ceux de Sainte-Marie de la Charité, et il connaissait de tous les crimes

---

[1] Cart., p. 10–23.

[2] Le gruyer était le premier juge des causes regardant les forêts, la chasse et les
délits qui s'y commettent. (Voir Ducange, Vᵉ Gruarius).

et délits commis dans les grands et petits chemins, et de toutes les rixes qui s'y élevaient. Pierre de Choiseul renonçait à tous droits sur les serfs de Saint-Christophe, mais il avait juridiction sur ses serfs et tous les étrangers saisis dans le domaine du prieuré, et il punissait tous les délits de chasse. L'acte fut signé l'an 1256, au mois de mai [1].

Trois ans après, le gruyer, reconnaissant encore avoir outrepassé ses droits, fait de nouvelles concessions, bien légères il est vrai, aux religieux. L'acte est en lui-même assez curieux [2].

PIERRE

Cependant la paix ne fut pas de longue durée, et après la mort de Pierre de Choiseul, son fils, Jean du Plessis, héritier de sa charge, fut bientôt en guerre avec le prieuré, au sujet du bois de *Li Deffois*. Le prieur qui était alors Pierre Ier [3], prétendait avoir droit d'y prendre tout le bois vif et mort nécessaire pour le chauffage du couvent et de ses dépendances, pour les constructions à faire dans le prieuré aussi bien que dans toutes les maisons qui lui appartenaient, enfin, pour tout ce qui lui était nécessaire. En outre, il réclamait le droit d'en emporter, pour vendre à Senlis, autant de voitures qu'un cheval pourrait en traîner en sa journée. Le gruyer contestait tout. A son dire, Pierre ne devait prendre sur le prix de vente que les deux tiers, le roi un tiers, et lui, gruyer, un 20e payable sur les deux tiers du prieur. Pierre soutenait qu'il possédait ces bois en toute propriété, et que le roi ni son gruyer n'avaient rien à en réclamer. Le prieur de la Charité-sur-Loire soutenait énergiquement son sujet; le roi prit parti pour son représentant. L'affaire était grave. Enfin, on en vint à un accommodement. Philippe III nomma pour soutenir ses droits Mathieu, abbé de Saint-Denis, Simon de Nielle, écuyer, et le gruyer; Pierre soutint sa cause, et une transaction fut signée qui garantissait à

---

[1] Cart., p. 23.
[2] Cart., p. 24.
[3] Aff. t. X, 5295. Cart., p. 29.

Saint–Christophe 55 arpents en toute propriété, avec droit de vendre quand et comme on l'entendrait, sans aucune intervention des officiers du roi. Quant aux 67 arpents qui restaient, ils devaient être vendus de trois en trois ans, sans doute par coupes réglées, et le prieur ou à son défaut le roi, faisait la vente. Si le prieur s'en chargeait, il devait avertir dans les huit jours le bailli ou le prévôt de Senlis du prix de vente, et ceux–ci, dans les quarante jours qui suivaient, pouvaient encore vendre à un prix supérieur à celui obtenu par le prieur, dont la vente était alors annulée. S'ils ne trouvaient pas d'acquéreur à un prix plus élevé, au bout des quarante jours, la vente du prieur était validée, et le prix en était partagé entre le prieur et le roi : un tiers pour celui–ci et les deux autres pour le prieur, sauf les droits à réclamer par le bailli, le prévôt, le gruyer et le prieur. Tous les autres droits auxquels prétendaient chacune des parties avant cette transaction, étaient dès lors annulés. Le prieur n'avait droit de pâturage dans la partie commune que sept ans après la coupe. L'acte, signé au mois de mai 1270, fut confirmé par le roi au mois de juin 1271.

Peut–être semblera–t–il que je me suis trop appesanti sur un fait peu important ; mais ces détails administratifs m'ont paru dignes d'attirer quelques instants l'attention ; et d'ailleurs n'oublions pas que s'il s'agit simplement des intérêts de quelques moines obscurs, le roi ne dédaigna pas de s'en occuper.

La même année (1271), Pierre acquit à Villemétrie le revenu d'une maison avec vigne et jardin et plusieurs autres petits revenus montant à 30 sous 7 deniers par an [1]. Je n'aurais pas mentionné cet achat peu important en lui–même, si je n'y trouvais rappelé un des droits les plus curieux du moyen–âge qui ont disparu de notre législation, le droit de retrait lignager, qui permettait à un parent de racheter, après décès ou autrement, suivant certaines conditions, le bien d'une personne de son

---

[1] Cart., p. 28.

lignage [1]. Mais celui dont il est question ici appartenait aux seigneurs
censuels ou féodaux, c'est-à-dire qui touchaient le cens d'une terre, d'un
bien quelconque, ou les tenaient en fief [2]. Lorsque ce bien avait été vendu,
l'acheteur était tenu de venir dans les 40 jours se présenter au seigneur
ou à ses officiers pour lui offrir d'être reçu en foi et hommage, et de lui
payer le quint et le requint, c'est-à-dire le 5e et le 25e du prix de la vente,
faute de quoi le seigneur pouvait user de son droit de retrait, et annuler
la vente en restituant à l'acquéreur, s'il les avait payés, le prix principal
ainsi que les *menus frais et loyaux coûts*, dans les 40 jours. Les seigneurs
ecclésiastiques ne jouissaient toutefois de ce droit que pour les fiefs dont
ils avaient déjà payé l'amortissement. Dans cette circonstance, Guiard
Batterel avait vendu ses revenus de Villemétrie à Guiard de Villemétrie,
écuyer; mais, Pierre, usant de son droit de retrait, acheta pour le prieuré
les revenus des biens dont déjà il touchait le cens. Ce droit a été, je crois,
supprimé lors de la révision de la Coutume de Senlis en 1539 [3].

JACQUES

Jacques Ier, qui lui succéda en 1276, vit enfin se terminer une série de
luttes et de contestations qui duraient depuis longtemps déjà, au sujet
d'une maison sise à Rieux, près de l'église. Sans doute, cette maison
avait une grande valeur, car elle était, comme on va le voir, grevée de
nombreuses redevances que le prieur ne parvint pas à supprimer tota-
lement, mais qui, au bout de 40 ans d'efforts, furent beaucoup diminuées
et réduites à des charges fort légères. En 1239, l'évêque de Beauvais,
Robert, était intervenu entre le curé de Rieux, maître Renaud de
Luzarches, et Guillaume, prieur de la Charité [4]. Le curé réclamait la

---

[1] Coutume de Senlis, p. 201-217. art. 235.

[2] Coutume du Valois, revue et commentée par Laurent Bouchel, p. 85 et 195.

[3] Voir le procès-verbal imprimé en 1540 en caractères gothiques et qui se trouve à la
Bibliothèque de la ville.

Il contient une liste complète et fort curieuse des seigneurs de tout ordre qui dépen-
daient du bailliage de Senlis.

[4] Cart., pp. 11 et 12.

maison, la vigne de Hiannet et un quartier de terre y attenant. Mais sans doute ces droits n'étaient pas trop fondés, puisque, moyennant 10 livres parisis une fois payés et le droit pour lui et ses successeurs de faire leur vin, sans être aucunement ennuyés ou tracassés, au pressoir de Saint-Christophe, il renonça à toutes ses prétentions. En 1240, Jean de Verneuil et Thibaud, son frère, se désistèrent également des droits qu'ils avaient sur cette maison, en faveur du prieuré, sauf le droit de censive et de justice qu'ils se réservaient. Jean, qui avait avec lui son sceau, l'apposa immédiatement à l'acte; mais son frère, Thibaud, fut tenu d'en faire dresser un nouveau par l'Official de Senlis, dans lequel il approuve tout ce qu'a fait son frère, et garantit aux moines de Saint-Christophe le plein exercice de leurs droits. Les mêmes concessions sont faites en 1255 ¹ par Pierre du Faiel et Sanctissima, sa femme, qui engagent leurs biens, meubles et immeubles, pour garantir la mainmorte de cette maison, toujours néanmoins avec la réserve, *salvis jure, justitiâ et redditibus dominorum.*

Simon de Fouilleuse, chevalier, et Ada, son épouse, font aussi la même année l'abandon de leurs droits. L'Official de Senlis en dresse un acte authentique; mais ils réservent un revenu annuel d'une mine d'avoine, douze deniers payables à la Saint-Denys et un quartaut de vin à l'époque de la vendange. Et pour cet abandon, ils reçoivent trente livres tournois, une fois payées en espèces sonnantes. Sans doute, Simon de Fouilleuse n'avait pas bien rempli ses engagements, car, en 1275, il prit l'engagement de livrer la maison et ses dépendances dans l'année, à une époque que l'acte incomplet ne permet pas de fixer. Il en donne pour pléges ² Simon de Villers et Thibaut de Fouilleuse.

---

¹ Cart., pp. 21 et 22.

² Le plége répond à notre caution, mais dans un sens plus étendu, puisqu'il allait, comme l'indique l'acte que nous citons, jusqu'à obliger de rester en prison jusqu'à l'exécution de la promesse faite par celui pour qui on répondait.

Le plége le plus en usage était ce qu'on appelait le plége franc. Il désignait une réunion de dix hommes libres, *Decenna, dizaine,* qui étaient pléges mutuels et répondaient devant le roi de tout dommage causé par l'un d'eux. (Du Cange, Gloss., V⁰ *Plegium).*

Et le dimanche, dans l'octave de la Pentecôte 1276, Gilles de Courcelles, bailli de Senlis, en envoya l'exequatur au prévôt de Clermont.

Enfin, Simon de Villers, le vendredi avant la Nativité 1276, céda à son
tour au prieur et aux moines de Saint-Christophe *tout droit domaine et
propriété et toute action réelle et personnelle utile et directe qu'il avait
pouvait et devait avoir* sur cette maison de Rieux, à l'exception du
revenu d'une mine d'avoine, douze deniers et un quartier de vin, qu'il
tenait sans doute de Simon de Fouilleuse.

C'est ainsi qu'ils entrèrent en possession définitive, et Jacques en
profita bientôt : car, le 23 novembre de la même année, il signait avec
Garnier de la Couture un bail de location de 15 ans pour cette maison et
ses dépendances.

Il fit en même temps la location d'une autre maison avec vignes, sise
à Cinqueux, moyennant 16 muids de vin, 10 de blanc et 6 de rouge, à un
nommé Huilard de Cinqueux.

Citons encore une pièce qui rappelle une coutume très-répandue au
moyen-âge, celle des redevances en nature ou des repas dus à certaines
époques, mais qui s'appuie sur un droit moins connu, le droit de plaids.
Les seigneurs, comme le roi, tenaient leurs plaids ou cours de justice, et
comme aux plaids royaux, leurs sujets étaient tenus d'y assister, tenus
aussi d'exécuter tout ce qui était ordonné par la cour seigneuriale. Ces
plaids s'étaient multipliés d'une façon excessive, et je ne puis résister au
plaisir de citer un passage du *Roman de Rou et des Dus de Normandie,* où sont énumérés quelques-uns de ces plaids :

> Toute jour sont tes bêtes prises
> Pour ayes (aides) et pour servises
> Tant y a plaintes et querelles
> Et coustumes viez et nouvelles
> Ne peuvent une hore avoir pez.
> Toute jour sont dient as plez
> Plaiz de forêt, plait de monoies
> Plait de porprises, plait de voies
> Plait de gaajuz (gageures), plait de graveries (querelles)
> Plait de mellées, plait d'ayes
> Plait de blet, plaies de moutes

Plait de defuntes, plait de toutes
Tant y a prevos et bedieaux
Et tant baillis viez et nouveaux
Ne poons avoir paix une hore.

Sans doute certains seigneurs plus généreux accordaient quelque compensation à leurs vassaux pour le dérangement que leur causaient ces plaids; peut-être aussi les prieurs de Saint-Christophe avaient-ils diminué beaucoup le nombre de ces réunions. Quoi qu'il en soit, en la même année 1260, deux personnes renoncent au repas que le prieuré était tenu de leur donner pour ce motif à la Saint-Christophe : l'un est Oudart Gouen, de Pompoint, qui se désiste entre les mains de Gauthier Begers, maire de Pompoint et de tous les pairs de Pompoint; l'autre de Jean de la Croix de Noë Saint-Remy [1].

Ces plaids furent assez fréquents dans la suite, sous Frère Cousturier et ses successeurs, en l'année 1329 et suivantes : ils étaient tenus tantôt par le prieur lui-même, tantôt par son garde, Oudart Jolis, comme exerçant sa juridiction, tantôt par le curé de Fleurines et autres. Zacharie Parent, plus tard, arguera de ces plaids contre le procureur du roi de Senlis, pour établir que le prieur jouit de tous les droits du Seigneur haut, moyen et bas-justicier dans ses villes de Saint-Christophe et Fleurines, et tous ses bois.

Sous l'administration de Jacques ou de son prédécesseur s'était élevée une contestation entre le Doyen et le Chapitre de Beauvais, anciens propriétaires du Prieuré, et le prieur de Saint-Christophe, au sujet des dîmes de Saint-Pierre de Pompoing [2]. Le Chapitre réclamait la dîme de certaines terres sises à Pompoing ou sur les confins de la paroisse. Le prieur prétendait de son côté y avoir droit, et le 27 avril 1277, ils choisirent pour arbitres Gh. [3], archidiacre de Soissons, et Etienne, prieur de Saint-

---

[1] Cart. p. 24 et 25.
[2] Cart. p. 35.
[3] Peut-être Gérard de Moncornet, évêque de Soissons en 1292, et qui, d'après le Gallia major fut archidiacre de Brie. Gerardus ou Gherardus.

Leu d'Esserent, et leur donnèrent plein pouvoir pour arranger l'affaire à l'amiable, et *sine strepitu judicii,* avant l'Assomption suivante, à moins que les parties ne consentissent à un sursis. Si les arbitres n'avaient pu régler la contestation pour cette époque, elle devait être remise entre les mains de *vénérable et discrète personne Nicolas de Béthisy, archidiacre mineur de Chelles,* au diocèse de Rouen. Il avait tout pouvoir pour terminer le litige avec les arbitres avant la Nativité de N. S. de la même année, et si l'une des parties refusait de se soumettre à son jugement, elle s'engageait à payer à l'autre une amende de 100 livres d'argent.

Voilà certes un bel exemple, et je crois qu'on ne se trouverait pas mal de le suivre pour terminer bien des contestations et des procès. J'aimerais bien aussi, je l'avoue, voir les juges condamnés à finir avant une époque fixée à l'avance, toutes les affaires pendantes à leur tribunal, sous peine de les voir passer en d'autres mains. Sans doute, certaines personnes y perdraient, et le trésor public verrait diminuer une des sources de son revenu, puisque le papier timbré deviendrait d'un usage beaucoup moins fréquent. Mais j'incline à penser que la paix et la moralité publique y gagneraient singulièrement, et tout État qui se moralise, s'enrichit, dans le meilleur sens du mot.

Les arbitres choisis par les chanoines et le prieur se tirèrent à leur honneur de cette délicate mission; ils durent pourtant demander un assez long sursis qu'on n'hésita pas à leur accorder [1]. Ils entendirent les dépositions des deux parties, de nombreux témoins, et des déclarations du prieur il résulta qu'en effet le doyen et le chapitre avaient perçu les dîmes toutes les fois que les terres en question avaient été cultivées par des colons, tandis qu'ils ne recevaient rien quand elles étaient cultivées aux frais du prieur et du couvent. Enfin, l'année suivante, le mardi avant la fête de Saint-Simon et de Saint-Jude (28 octobre), en présence de Mathieu, chapelain de Beauvais, procureur du doyen, et du prieur en personne, les arbitres, siégeant à la Neuville-en-Hez (Villanova in

---

[1] Cart. p. 37.

Hatrio), déclarèrent et réglèrent que le prieur, toutes les fois qu'il culti-
verait ces terres à ses frais, payerait au doyen et au chapitre comme dîme,
chaque année à la Saint-Martin d'hiver, 20 sous parisis. Si au contraire
les terres étaient cultivées par des fermiers, le doyen et le chapitre
conservaient le droit de percevoir la dîme.

Ce fut sans doute à l'occasion de ce procès que le prieur et le curé de
Saint-Pierre-Pompoing fixèrent leurs droits réciproques sur les revenus
de l'Eglise [1]. Le curé ne devait jamais célébrer la messe à l'autel Saint-
Pierre sans l'assentiment du prieur ou des moines. Aux fêtes annuelles,
c'était à ceux-ci que revenait l'honneur d'y célébrer l'office divin, et les
offrandes se partageaient par moitié entre les moines et le curé, à l'exception des cierges, dont les premiers prenaient les deux tiers, laissant le
reste au second, et de même à la fête de la Purification. A Noël et pendant
les treize jours suivants, les offrandes se partageaient par moitié. Le
dimanche des Rameaux, le Jeudi et le Samedi-Saint, le jour de Pâques,
à la fête de saint Pierre et saint Paul et de saint Pierre-ès-liens et à la
Dédicace, tout appartenait aux Moines. Ils avaient encore la moitié des
cierges offerts pour la purification des femmes et le baptême des enfants.
Mais le curé avait pour lui tous les cierges qu'on lui offrait après
l'évangile, et à lui seul appartenait le droit de distribuer la communion
pascale au peuple (communicare gentes). Toutes les offrandes en cire,
cierges, or, argent ou autre chose, faites à l'autel saint Pierre, appartenaient aux moines.

COUSTURIER

Je n'ai pu trouver nulle part le nom du prieur qui succéda à
Jacques Ier. Peut-être celui-ci était-il très-jeune quand il fut choisi pour
occuper ce poste, et vécut-il longtemps à la tête du prieuré. Quoi qu'il en
soit, jusqu'en 1329, époque à laquelle on trouve frère Cousturier recevant

---

[1] Cart. p. 38.

III

comme prieur l'hommage de Raoul de Semur, pour toutes les terres qu'il venait d'hériter à Saint–Christophe, il ne nous reste que des actes en fort petit nombre, et dénués de tout intérêt : des amendes, des procès–verbaux, des revenus donnés à ferme, etc. Je mentionne seulement une pièce par laquelle il revendique le droit de justice sur le grand chemin de Fleurines. Le roi le réclamait de son côté; mais Jehan de Sempi, bailli de Senlis, après avoir entendu le procureur du roi pour le roi, et le prieur, déclara que les preuves de celui–ci lui paraissaient meilleures, et lui adjugea le droit de justice, réservant toutefois les droits de propriété du roi.

Heureux temps, où les simples particuliers plaidaient si facilement contre les rois, et où les rois se laissaient condamner comme de simples manants, sans que l'intègre auteur d'un tel arrêt eût jamais à redouter la colère de son royal justiciable! Ajoutons cependant, que le bailli de Senlis n'était pas un petit personnage. Le bailliage, ou la baillie, n'était pas une simple justice; mais, comme dit Laurent Bouchel en son *Commentaire* sur la Coutume de Senlis, une justice de protection.

Anciennement, les ducs et les comtes avaient deux séances en leur justice, l'ordinaire que tenaient leurs juges, et celle des assises qu'ils tenaient d'abord eux–mêmes et à laquelle étaient réservées les causes de quelque importance, et notamment les causes de ceux qu'ils avaient pris en leur garde. Mais plus tard, ils ne voulurent plus s'assujettir à tenir leurs assises en personne, et ils mirent en leur place des officiers qu'ils appelèrent *baillifs,* soit parce qu'ils leur *baillaient* cette séance en garde et commission, soit parce qu'ils les établissaient gardiens et protecteurs de leurs sujets, et surtout de ceux qu'ils avaient pris en leur *baillie* ou sauvegarde pour les exempter de l'oppression des juges ordinaires.

Le bailli de Senlis, revêtu de ces hautes fonctions, avait sous sa juridiction le comté de Valois avant son érection en duché, les châtellenies de Pierrefonds, Béthisy et Verberie, le comté de Clermont avec plusieurs autres châtellenies, et les châtellenies royales de Compiègne, Creil, Pontoise et Chaumont, le comté de Beauvais, les baronnies de Mello et

Mouchy–le–Châtel, etc. On comprend donc que ses arrêts fussent respectés. D'ailleurs, les embarras que le roi éprouvait alors pour prendre possession du trône de France, peuvent également expliquer son indifférence pour une si mince prérogative.

Les pièces dont nous venons de parler ne contiennent aucune indication sur l'état du prieuré, non plus que sur ses habitants. Ce fut sans doute une des époques les plus heureuses pour ces pieux serviteurs de Dieu, et ils vécurent dans le calme et le silence de la retraite, moins occupés de leurs intérêts temporels que de ceux de l'éternité. Mais l'histoire est plus embarrassée qu'heureuse de la facilité de sa tâche dans ces circonstances, et elle craint toujours de laisser derrière elle quelque fait intéressant que la négligence ou l'oubli ont rejeté dans l'ombre.

PIERRE DE LA BROSSE

Il nous faut maintenant arriver en 1362, pour retrouver un peu de cette vie agitée dans les annales de notre prieuré. Nous avons déjà parlé des contestations qui s'étaient élevées entre le gruyer de la forêt d'Halatte, Pierre Choisel ou de Choiseul, au nom du roi, et le prieur de Saint–Christophe. La charge de gruyer était restée dans la famille Choiseul; et en 1362, Jeanne la Choiselle, veuve de Pierre de Pacy, se trouvait en procès avec le prieur, lorsqu'elle céda au roi pour 3,000 florins d'or fin, *francs du coing et aloy du roy,* tous ses droits de gruerie. De là, réclamations vives du prieur qui se retrouvait de nouveau en lutte avec le roi. Ces contestations si fréquentes, à propos d'usages forestiers plus ou moins définis, semblent au premier abord quelque peu enfantines; et dans notre siècle, qui tranche si largement dans tous les droits, on s'étonne qu'à d'autres époques on y attachât tant d'importance. Mais il ne faut pas oublier que les revenus du roi de France étaient bien modestes alors, si on les compare aux milliards qui forment nos budgets, et que les forêts lui en fournissaient une importante part. Le prieur de Saint–Christophe, de son côté, avait également dans la forêt d'Halatte les principales sources de ses revenus, et c'était sur ses propriétés forestières que s'appuyaient ses droits les plus importants, ses titres de haut, moyen et bas justicier. On comprend donc qu'il les maintînt avec une persévérance infatigable, et que, confiant dans son bon droit, il affrontât sans hésiter les dangers de semblables procès.

Pierre de la Brosse soutenait, comme le rapporte l'acte d'accord de 1362 [1], « qu'il était en bonne possession et saisine de envoyer à Senlis tout pain cuit à son four de Saint-Christophe, et faire vendre ledit pain, et garder ses hostes de Saint-Christophe et de Fleurines en saisine en laquelle ils sont de porter et vendre audit Senlis leur dit pain cuit audit four.

« Et en saisine de envoyer es bois dudit prieuré, puis qu'ils ont 7 ans passés, bête de grosse aumaille [2] et celles de son fermier en tout temps, tant en temps que lon dit de deue comme en autre.

« Et en saisine de avoir par sa main tous ramassis de ses bois après le terme de la vuidange mesmement quand ses gens les y treuvent.

« Et en saisine que le gruier ne pregne point de vingtième denier sur les renchères ou paumées que les marchands font après le premier denier à Dieu.

« Et en saisine de destourner du sort et pris de la vendue de ses bois les frès que la vente couste à routter, vendre, crier, mesurer et délivrer avant que le gruier soit payé de son vingtième denier en ce que est ainsi descouté.

« Et en saisine de faire livrer et delivrer seul et pour le tout à ses hôtes de Saint-Christophe et de Fleurines, pasturages pour le bétail, et marrien [3] pour édiffier en ses bois selon ce que bon lui semble et que mestier est. Et saisine d'avoir estalon et de adiouster audit estalon la mesure pour mesurer le charbon en sesdits bois seul et pour le tout.

---

[1] Aff., t. X, p. 5,350.

[2] Aumailles. Bêtes aumailles, bêtes à cornes, comme bœufs, vaches, taureaux. — Littré, Dict.

[3] Merrain. Bois fendu en planches et propre à différents ouvrages. — Littré, Dict. — Généralement tous bois de charpente, par opposition au bois à brûler.

« Et en saisine seul et pour le tout de donner congié à sesdits hostes de arracher en sesdits bois, pommiers, periers et neffliers.

« Item en saisine de exercer esdites villes de Saint–Christophe et de Fleurines tous exploits de justice seul et pour le tout sans que le gruier y en peult aucun faire.

« Et en saisine d'avoir la connaissance de tous les habitants des dittes villes et des contrats et délits par eux fait, tant sur marchandises de bois et de forêts, comme autrement, en quelque lieu que ce soit, se ils nestaient prins en présent meffait en étrange juridiction.

« Et en saisine de estre et demourer et ressortir en tous cas de temporelle justice soubs le roi à Senlis. »

• Tous droits que Jeanne contestait, prétendant avoir juridiction et inspection sur les terres du prieur. Et, en effet, plusieurs exploits y avaient été faits par ses gens. L'accord ne se fit qu'après enquêtes minutieuses, et examen attentif des actes et chartes attestant le droit de chacune des parties. Pierre de la Brosse rédigea alors, sur le conseil de ses amis et avec l'agrément de la cour du Parlement, un acte d'accord par lequel il s'engageait, ainsi que Jeanne Choiseul, à s'en tenir aux anciens droits, sauf quelques minces détails spécifiés dans l'acte.

Le tout fut approuvé par le roi Jean-le-Bon, le 24 février 1363, et le 9 septembre 1364 [1] la gruyère signait par-devant Jean de Meaux, bourgeois de Senlis, et Richard de Vély, gardes des sceaux de la baillie, l'acte de vente de tous ses droits sur la gruerie d'Halatte. On se plaint souvent de nos jours de la duplicité des hommes, des précautions infinies qu'il faut prendre dans les affaires pour prévenir toute surprise, toute fraude. Aux yeux de bien des Prud'homme, les huissiers, les notaires, les hommes d'affaires enfin, sont des gens retors à qui il est toujours dangereux de se fier. Evidemment, Messieurs, ces préjugés vulgaires n'ont pas créance parmi vous; mais, permettez–moi de vous citer le commencement de l'acte de vente de Jeanne la Choiselle, et, s'il vous restait encore quelque

[1] Aff., p. 5,530–4.

terreur à l'endroit des tabellions, vous seriez vite convaincus, pour votre consolation, qu'ils sont bien pâles en face de leurs confrères du moyen-âge.

« Sachent tuit que pardevant nous vint et fut présente en sa propre personne Noble Dame M⁰ Jeanne Choiselle, Dame du Plessier-Choisel, jadis femme de deffunt M⁰ Pierre de Pacy chevalier jadis seigneur du Plessier de Pomponne si comme elle disait et recogneut et confessa de sa bonne, pure, franche et libérale voulonté, sans aucune force, fraude, erreur, engin, malice, devance, circonvention ou aucune contrainte, ains de certaine science, bon avis, vray propos et entendement, elle bien advisée et conseillée surtout et par tres grant bonne et meure délibération avec plusieurs de ses amis tant de linaige comme autres, que pour son très-grant et évident profit en ce très évidamment et clairement a-pps raissant et pour plus grant domaige et inconvenient eschever si comme elle disait, elle avait et a vendu, quitté, cessié, baillé et déguerpi et de tout en tout délaissé dès maintenant et à toujours perpétuellement à héritage sans lui jamais empêcher, debatre, contredire ne aller ou pourchasser au contraire par elle, ses hoirs, ses ayans cause ne par aultres quelconques en aucune maniere au Roy notredit Seigneur pour luy, pour les Roys de France ses successeurs pour ses hoirs et pour ses ayans cause la Gruerie de la forest de Halatte quelle avait de son propre héritaige et domaine avec tout le droit, saisine, propriété, seigneurie et justice quelle avait et pouait avoir en laditte Gruerie et es appartenances et dépendances d'icelle, etc. » Suivent les clauses spéciales qui ne sont pas moins nettes et clairement spécifiées, expliquées, prévues et réglées par le menu, sans laisser place à la moindre erreur, fraude, tromperie ou rouerie de quelque sorte que ce soit.

HUGUES DE BOULENGNIES
ÉTIENNE TROUSSEBOIS

En 1388 ', Etienne Troussebois ou Tourcebois avait succédé à Hugues

---

' Aff., t. X, p. 5499.

de Boulengnies, dont le passage au prieuré ne fut signalé par rien de remarquable. Peut-être même montra-t-il une certaine faiblesse dans le maintien de ses droits ; car un des premiers actes de son successeur fut de faire comparaître devant Arnauld du Mouton, prévôt de Senlis, un habitant de Saint-Christophe, Jean Monlevitte (?), coupable d'avoir usurpé les droits du prieur. A plusieurs reprises, il avait tenu des plaids, et reçu des amendes dans la maison de Jehan de Bone. Le prieur le fit condamner à une amende de 40 sols parisis, payables en deux termes, et lui fit promettre sur sa parole de ne jamais plus usurper les droits du couvent.

En 1395 nous trouvons mentionnée pour la première fois, quoique sans doute elle fût beaucoup plus ancienne, la tuilerie de Fleurines [1].

Cependant l'ancienne prospérité de Saint-Christophe avait fait place à une grande détresse. Les guerres de Flandre, qui avaient causé tant de malheurs dans le nord de la France, avaient pesé bien lourdement aussi sur notre prieuré, et les moines en furent réduits à demander secours au roi [2]. Ils ne peuvent, disent-ils, continuer le Saint-Sacrifice, ni payer leurs dettes. Le roi, pris de pitié pour eux, charge son bailli de prendre en mains leurs revenus et d'en faire trois parts : l'une pour leur entretien ; l'autre pour le recouvrement des revenus de la maison et le labourage des terres ; la troisième pour le paiement des créanciers ; et il le chargea de choisir des commis payés pour s'occuper de tous ces détails, et obligés d'en rendre bon compte. Sans doute, les bons religieux ne voulaient alors s'occuper que des intérêts de leur âme, et préférèrent recourir à ce moyen plutôt que de perdre un temps précieux à des affaires embarrassantes, et bien faites pour distraire de la pensée des choses du ciel, à moins de

---

[1] Bail à rente fait le 9 février 1395 par Estienne Troussebois, prieur de Saint-Christophe, d'une maison, tbuillerye et jardin à Fleurines, aboutant sur le grand chemin qui va a Pont avec un autre jardin nommé le jardin la Merciere tenant audit chemin de Pont a lusaige dudit Fleurines moyennant sept milliers de thuille fournye de festieres de rente chacun an, bonne et souffisante en deux termes, Saint Jean-Baptiste et Chandeleur, et pourra le preneur et ses hoirs prendre et trāire terre pour faire thieulle en toutte la terre dudit prieur sans aucun contredit. Afforty, t. X, p. 5,315.

[2] Aff., t. XIX, p. 609.

supposer que personne parmi eux n'était capable de conduire d'une main vigoureuse des affaires en si mauvais état. C'était d'ailleurs un moyen habile d'intéresser le roi au couvent et d'en tirer quelque secours dans ces conjonctures difficiles.

En 1398, Etienne Troussebois entra en accommodement avec le roi, à propos d'un dîner que lui devait le prieuré chaque année, à la fête de saint Christophe. Comme le roi ne pouvait le prendre lui-même, sans doute parce que le château si aimé des rois précédents, et d'où ils avaient daté tant d'actes, avait cessé de plaire, le prévôt de Pont venait en son nom, accompagné de douze hommes, douze valets et douze chiens. Le profit n'en était pas grand pour le roi; aussi, la Cour des Comptes et le Trésorier du roi avisèrent-ils aux moyens d'en tirer meilleur parti. Ils avaient appris que le prieur était disposé à payer quatre livres parisis de rente annuelle au lieu du dîner. On le fit comparaître devant le bailli de Senlis; on essaya de lui faire augmenter un peu la somme, mais il s'en tint à sa première parole, et l'acte solennel en fut rédigé par monseigneur le bailli, le 3 mai 1398 [1]. Sans doute le prévôt fut le seul intéressé qui ne fut pas consulté dans cette affaire, et qui eût trouvé préférable l'ancien mode de payement.

GUI DE MORY

Quelque temps après, Dieu appela à lui Etienne Troussebois, et Gui de Mory, *escolier étudiant en la Faculté de décret de l'Université de Paris,* lui succéda dans le gouvernement du prieuré. C'est ce que nous apprend une lettre du 7 mars 1402, qui lui donne droit de faire assigner au Châtelet ses débiteurs de Cinqueux (de Sinuqueto). En cette même année, Gui présenta à Pierre, évêque de Beauvais, un curé pour la paroisse de Saint-Pierre-Pompoing. C'était Pierre Lepage, clerc de Longueil-Sainte-Marie (de Longolio-Sanctæ-Mariæ). C'est la première fois que nous voyons le prieur de Saint-Christophe présenter ainsi un

---

[1] Ibid. t. X, p. 5,272–3.

candidat pour la cure de Pompoing; mais, sans doute, il exerçait ce droit depuis longtemps déjà, et nous avons vu plus haut quels étaient les droits respectifs du prieur et du curé sur les revenus de cette église.

En 1404, Gui de Mory vendit à Guillaume le Roux, de la Villeneuve, trois pièces de bois contenant en tout 24 arpents 14 perches. Cet acte contient déjà l'indication du mode de vente connu maintenant sous le nom plus élégant de *vente à la bougie,* mais qui alors, pour une raison qu'il serait superflu d'indiquer, s'appelait simplement *vente à la chandelle.* Guillaume le Roux, quand la chandelle s'éteignit, avait offert 64 livres parisis, prix auquel la vente fut conclue. Mais cette vente n'était pas comme de nos jours irrévocable; cela tenait à des priviléges seigneuriaux que j'ai déjà eu occasion de rappeler. En effet, quelques jours après, Jean Bernard de Fleurines mit une surenchère, et le marché fut définitivement arrêté à 106 livres 5 sols 4 deniers parisis.

Gui de Mory, jaloux de rétablir et de maintenir tous les droits du prieuré, et plus expert en affaires que ses prédécesseurs, réclama auprès du roi contre certaines ordonnances de la Cour des Comptes et du Grand-Maître des Eaux et Forêts, qui interdisaient aux possesseurs de domaines ou domaniers, comme on les appelait, sur les domaines desquels le roi jouissait de quelque droit, de vendre les produits de leurs forêts sans le congé du roi, ce qui était pour eux une source d'ennuis. Par divers actes datés de 1399, 1402, 1413, et surtout par une ordonnance du 29 mai 1405, il obtint, en même temps que Royaumont et Saint-Maurice, le rappel de cette ordonnance; ce dont acte leur fut donné par la Cour des Comptes et le Grand-Maître et Réformateur des Eaux et Forêts, le comte de Tancarville.

Mais notre prieur veillait avec autant de jalousie à la conservation des moindres droits de l'abbaye que des plus importants. En voici une preuve. En 1411, il fit saisir et arrêter en main de justice l'argent de la vente de quelques pourceaux appartenant au curé de Fleurines, Guillaume Bellenger. Celui-ci prétendait pouvoir, comme les autres habitants de sa paroisse, envoyer pâturer dans les bois et usages de Saint-Christophe et

iv

de Fleurines tel nombre de pourceaux que bon lui semblerait, moyennant une redevance de 2 deniers par an. Le prieur soutenait qu'il ne pouvait en envoyer plus de deux; et, pour prouver qu'il avait raison, il fit saisir, à défaut des pourceaux, le prix de leur vente. Le curé en appela aux tribunaux. Enfin, ils conclurent par devant le lieutenant du bailli de Senlis un accord, par lequel il fut accordé au curé licence de mettre pâturer dans lesdits usages autant de pourceaux qu'il le voudrait, en payant 2 deniers par pourceau le jour de la fête de saint Andrieu ou André, apôtre, et 1 denier après. En 1412, la cure du Plessis-le-Vicomte devint vacante par la mort de Jean Renoust. Gui présenta à l'évêque de Beauvais pour lui succéder, Ollivier la Mire [1], qui ne jouit pas longtemps de sa cure et fut remplacé, en 1417, par Gilles le Ferre.

Notre prieur vivait encore en 1418 : car, à cette date, Jehan de Waru fut commis de par le roi pour exercer la prévôté à Senlis en sa faveur; mais ensuite, nous ne trouvons plus le moindre document qui puisse nous apprendre combien de temps encore il fut à la tête du prieuré. Quoi qu'il en soit, c'était, autant qu'il nous a été permis d'en juger par les quelques actes que nous possédons de lui, un homme instruit, actif, énergique. N'oublions pas d'ailleurs qu'il avait fait ses études à l'Université de Paris, qu'il dut même y conquérir quelques titres, comme permet de le supposer un acte qu'Afforty indique seulement, et qui lui donnait droit de faire assigner par devant le prévôt de Paris, conservateur des Priviléges de l'Université.

JACQUES BONNAURE

Jacques Bonnaure ou Bonnaus, qui lui succéda, n'a guère laissé de souvenirs de son administration. Le seul acte que nous retrouvions de lui est daté de 1430. C'est une assignation au gruyer de la forêt d'Halatte pour comparaître par devant le Grand-Maître des Eaux et Forêts.

---

[1] T. X, p. 5439.

Il l'accusait d'avoir outrepassé ses droits en s'attribuant la répression de certains délits dans les propriétés forestières du Prieuré, et empiété sur les attributions du Prieur, qui avait droit de haute, moyenne et basse justice. Jean Le Féron, pennetier du Roi et lieutenant général de Philippe de Melun, Grand-Maître des Eaux et Forêts, chargea Jean Beu, clerc et premier sergent du Roi en la gruerie et forêt d'Halatte, de remettre l'assignation au gruyer ou à son lieutenant à Senlis; mais je n'ai retrouvé aucun renseignement quant à l'issue de ce procès [1].

ÉTIENNE PRÉVOST

Le successeur de Jacques Bonnaure, Étienne Prévost, signa en 1450 un bail à surcens qu'Afforty résume ainsi :

« Bail à surcens moyennant 3000 de thuilles fait le 5 Juin 1450 à Michel Dubuat par devant Jehan Coulon, bourgeois de Senlis et Jehan Mennessier, gardes des sceaulx de la baillie, establis par le Roy en la chastellenie de Senlis par damp Estienne Prévost, prieur de Saint-Christophe-en-Halatte, d'une thuillerie nommée le courtil Bigot, qui a l'occasion de la guerre estoit venue en grande ruine [2]. »

Un autre bail à cens, daté du 14 Juillet 1454 [3], est signé par Estienne Prévost et Guillaume le Bourgoing soucrétain *(sic)* de ladite Eglise.

GUI DE VIEUXCAMP

Il doit pourtant y avoir erreur dans cette dernière date; car dès le 5 Mars de cette année, Jean Cambellan, prieur de la Charité-sur-Loire, autorisait Gui de Vieuxcamp, successeur d'Etienne, à résigner sa charge en faveur de Zacharie Parent.

---

[1] Afforty, t. X, 5521.
[2] Afforty, t. X, 5586.
[3] Afforty, t. X, 5321.

ZACHARIE PARENT OU DE PARENT

C'est alors que nous voyons arriver à la tête du prieuré cette famille des Parent, qui, pendant près d'un siècle et demi, s'y maintiendra par tous les moyens possibles, soutenant envers et contre tous, les droits, priviléges et possessions du prieuré par maints procès, épuisant tous les degrés de la juridiction pour étayer ses prétentions. En 1454 donc, Gui de Vieuxcamp résigna ses fonctions entre les mains du prieur de la Charité-sur-Loire, et fit un échange avec Zacharie Parent. Celui-ci fit prendre possession le 24 Mars suivant par son procureur Thibault de Sempigny, en présence de Pierre Durand, clerc du diocèse de Châlon, et notaire public. Thibault fut reçu par le sacristain Guillaume Bourgoing, et mis en possession en entrant dans l'église, et recevant entre les mains un missel sur le maître-autel de l'église.

Zacharie Parent prit donc possession, en 1454, du prieuré de Saint-Christophe. Il le gardera jusqu'en 1502, pour le transmettre de son vivant à son neveu Antoine Parent. Si nous relevions tous les actes qui nous restent de lui, et ils forment au moins le quart de ceux qui sont conservés aux Archives départementales, à Beauvais, nous verrions que tous, ou à peu près, ont pour objet de rétablir ou de maintenir les droits du prieuré, et surtout du prieur, de l'enrichir par des acquisitions ou des échanges, et de fixer d'une manière bien nette tous ses revenus, en faisant produire le plus possible à chaque propriété. Non content de ces ressources, assez grandes cependant, nous semble-t-il, Zacharie obtiendra encore du pape Paul II, en alléguant pour raison la difficulté des temps et la noblesse de sa famille, la permission de posséder un ou deux autres bénéfices, et nous le verrons plus tard prieur de Saint-Martin-Longueau. Claude Parent, son frère, prieur de Notre-Dame-de-Beaumont, était sans doute dans les mêmes dispositions, et tenait à soutenir dignement l'honneur de son nom; car, en 1463, il retira à Zacharie la procuration qu'il lui avait donnée pour résigner sa charge de prieur de Beaumont [1], profitant sans doute de la permission accordée à son frère pour posséder aussi plusieurs bénéfices.

Le prieuré, on le voit, était tombé en commende, et son histoire administrative ne sera le plus souvent que le tableau des luttes avares des commendataires pour augmenter leurs revenus.

Le neveu, Antoine Parent, suivra les errements de ses oncles, et il transmettra les mêmes exemples, et sans doute les mêmes leçons à Louis Parent, en même temps que la succession du prieuré. Nous aimerions à croire que des hommes si pénétrés de l'importance de leur charge au point de vue matériel et temporel, toujours prêts à déployer tant d'énergie et de persévérance pour la défense de leurs droits, ont été également des modèles de piété et de ferveur pour les religieux dont ils prenaient à cœur les intérêts; que l'amour des honneurs et des richesses ne fut pas le seul mobile de leurs actions, et qu'ils dépensèrent aussi pour la gloire de Dieu une bonne part de cette activité dont il les avait doués; mais l'ingrate histoire reste obstinément muette sur ce côté de la vie de nos prieurs. Elle nous condamne à de stériles suppositions, qui, basées sur certaines expressions des actes que le temps a épargnés, ne seraient pas, je dois l'avouer, très-favorables à nos personnages; il est d'ailleurs inutile de s'y arrêter. Continuons donc, malgré notre désir, à étudier simplement l'histoire administrative de Saint-Christophe.

Depuis un an à peine, Zacharie Parent était entré en possession, lorsque l'occasion se présenta de montrer avec quelle fermeté il entendait défendre ses droits et ceux du prieuré. Messire Etienne le Barbier, curé de Lagny-le-Sec, par la grâce et sur la présentation du prieur, osa bien se révolter contre lui et lui refuser les dîmes que « *de si longtemps qu'il n'était mémoire* », ses prédécesseurs avaient coutume de recevoir; « *c'est asçavoir dîmes d'aigneault, cochons, oisons, lins, chanvres, feves, pois, vesses et autres menues dîmes, et aussi offrandes qui viennent es messes*

---

[1] T. XXI.

des quatre fétes annuelles ; c'est asçavoir : Noël, Pasques, Pentechouste et la Toussaint, et aussi de la fête de Chandeleur, la moitié seulement des chandelles, argent, et ausdites quatre fêtes la moitié de tout. » Le curé persistait devant le prévôt de Senlis à refuser cette dîme, et procès allait s'ensuivre. Mais, sans doute, il comprit qu'il avait affaire à forte partie; car il consentit par devant Etienne Contesse et Bertault–Boitart, notaires au Châtelet, à reconnaître *à toujours, et sans contredit et empêchement,* le droit du prieur sur ces dîmes, et il rendit à Jehan de Maigny, potier d'é-tain à Senlis, fermier des dîmes du prieur, sept agneaux que déjà il avait reçus. L'acte fut légalisé par le prévôt de Paris, le mardi 5 août 1455 [1].

En 1456 et 1457, Zacharie Parent fit renouveler des titres de rente sur des prés et des maisons situés à Saint–Pierre-Pompoing, des jardins sis à Saint-Christophe, rue de la Rochère, rue de la Croix, rue Saint-Pierre, etc.

Les guerres de Flandre, dont nous avons parlé, avaient causé beau-coup de ravages jusque dans nos contrées, et la misère qui en était ré-sulté, avait entraîné à sa suite de nombreux abus. Les habitants de Fleu-rines, qui jusque–là avaient été tenus de cuire leur pain au four *bannal* du prieuré, avaient profité des circonstances pour éluder cette servitude, et avaient fait faire chacun chez eux des fours, sans plus penser aux re-devances à payer au prieur. En 1457, poussés par leur conscience que sans doute aidait quelque peu l'autorité naissante de Zacharie Parent, les prin-cipaux habitants de Fleurines, formant *la plus grant et saine partie des manans et habitants d'icelle ville,* se rendirent en personnes par devant le prévôt de Senlis, et s'engagèrent au nom de tous les habitants à payer chaque année au jour de St-Remi *pour chacun mainaige une poulle bonne et suffisante,* ou pour chaque poule douze deniers parisis, à leur choix, à condition qu'on ne relèverait plus le four banal, ce qui fut accordé.

Une assez grave contestation s'éleva la même année entre le prieur et les dames du Moncel [2]. Le prieur réclamait 34 sols parisis de rente aux

[1] T. X, p. 5318.
[2] T. X, p. 5322.

religieuses, et celles-ci refusaient de les payer, demandant des titres qui prouvassent leur dette. En outre, elles réclamaient aux religieux, en diverses redevances, 5 sols 28 deniers parisis, et quatre boisseaux et demi de blé de grenier. Enfin, *pour tout procès et despens eschever, paix et amour avoir et nourrir entre eux,* on en vint à un accord réglé entre Zacharie Parent, prieur, et Jehan de la Guillenche, procureur, d'une part ; et Jehan de Jonenques, procureur général pour les religieuses, d'autre part. Les dames s'engagèrent à faire payer par un de leurs tenanciers 16 sols parisis de rente pendant vingt ans, sauf à régler l'affaire à cette époque d'une manière définitive. Et le prieur et les procureurs promirent, *par les foy et serments de leurs corps, en parole de prestre, la main pour ce mise au pis* (pectus), d'observer fidèlement cet accord.

En 1458, Zacharie loue à vie à Jehan Aussart, couvreur de chaume à Rieux, à sa femme Robinette et à leurs enfants, une maison et toutes les terres sises à Rieux qui appartenaient au prieuré, moyennant 48 sous parisis de rente [1].

En 1463 [2], comme déjà nous l'avons dit, M⁹ Zacharie Parent, trouvant sans doute les revenus du prieuré trop modiques pour un personnage de son importance, s'adressa au Souverain-Pontife pour en obtenir l'autorisation de posséder encore un ou deux autres bénéfices, s'appuyant sur la noblesse de sa race. Paul II, par une bulle que nous n'avons pu retrouver, mais dont Afforty nous donne le titre et la date, l'autorisa à en posséder à la fois deux ou trois. Il n'y a qu'une objection, assez sérieuse, il est vrai, à faire à cette bulle : c'est qu'elle devance l'époque où Paul II fut élevé au souverain-pontificat ; mais le fait en lui-même n'a rien de bien étonnant, et déjà semblable autorisation s'accordait fréquemment ; nous n'oserions toutefois pas dire que ce fût précisément un moyen efficace pour relever la ferveur quelque peu chancelante des moines à cette époque, et ramener à la perfection monastique les prieurs ou abbés, plus dévôts à l'incons-

---

[1] T. X, p. 5324.
[2] P. 5278.

tante déesse, plus avides de plaisirs, de jouissances et d'honneurs, que disposés à suivre les exemples des Paul, des Antoine, des Benoît et des François d'Assise. Rappelons seulement à leur décharge les malheurs du temps, les guerres terribles qui avaient désolé l'Occident et amené partout la misère après elles.

En 1470, Zacharie Parent se trouvait en contestation avec le curé de Laigneville et Sailleville, pour les grosses et menues dîmes dont le prieuré jouissait dans cette paroisse. Zacharie obtint de Jehan Marraine, prévôt de Senlis, une commission pour se maintenir en jouissance et possession, et fixer définitivement l'étendue de ses droits.

En 1472 [1], Jehan de Mauny ou Maigny, potier d'étain à Senlis, *alla de vie a trespas, lequel par son testament et ordonnance de derniere volonte au moins par maniere de codicile pour la bonne amour et affection qu'il avait a leglise de St-Christophe et au prieur dudit lieu aulmona a icelle eglise et prieur un fief nommé le fief de lEcrevisse.* Cette propriété était sise à Senlis, dans la rue de l'Apport-au-Pain, et chargée de 4 livres parisis de rente foncière, dont 3 livres à prendre sur cet hôtel, et 20 sols sur une maison contiguë, à l'enseigne du Cerf, qui faisait le coin de la rue de l'Apport-au-Pain et de la rue de Paris (vieille). En reconnaissance de ce don, le prieur fonda à perpétuité un obit solennel le 6 septembre, et un *Libera* chaque jour de l'année, pour le pieux donateur et sa famille. Mais le fief de l'Écrevisse ne demeura pas longtemps en la possession du prieuré, et il fut échangé par acte de 1474 contre un autre fief sis à Mogneville.

Déjà avait pris commencement le fameux procès contre le procureur du roi de Senlis, qui ne se termina qu'en 1477, après qu'on eut épuisé tous les degrés de la juridiction.

Le procureur du roi réclamait pour le roi le privilége de vendre le droit de *paisson et pasnage* dans les bois de Saint-Christophe : et en effet il le vendit à plusieurs reprises. Zacharie Parent, de son côté, l'avait vendu en

---

[1] Aff., t. XXII, p. 82, 134. Jehan était le fermier des menues dîmes de Lagny-le-Sec.

1470 [1] aux habitants de Villers–St–Frambourg, et en 1472 à Pierre Camus. Les deux parties soutinrent leurs droits avec énergie. Zacharie présenta au grand–maître des Eaux et Forêts de France, Champagne et Brie, un mémoire relatant tous les titres importants du prieuré depuis sa fondation, ou plutôt sa transformation, jusqu'à cette époque, cita des témoins, établit enfin par tous les moyens possibles que, de temps immémorial, les prieurs et le couvent avaient joui de tous droits, et exercé l'autorité de haut, bas et moyen justicier dans leurs propriétés, ce qui témoignait de leur bon droit dans le cas présent. Ce relevé des titres nous permet de constater quelles étaient alors les principales propriétés forestières du prieuré [2].

Elles se composaient : 1° d'une grande pièce de bois de quatre à cinq cents arpents, appelé le bois des Usages, entièrement exempte de la juridiction royale; 2° de plusieurs autres pièces de bois, formant un total de sept à huit cents arpents. C'était donc environ douze cents arpents qu'il possédait alors. Zacharie établit en même temps par divers actes antérieurs, qu'il jouit dans ces bois, dans ceux même qui relèvent du gruyer, des droits de paisson et pasnage, dont le couvent, *ses hostes et serfs*, ont toujours usé sans contestation ni empêchement; droits de garenne et de chasse à cor et à cri, au gros et au menu, et qu'en effet lui et ses prédécesseurs ont toujours entretenu chiens et harnais, fait faire dans leurs bois haies chasseresses pour cet usage, sans empêchement. Il prouve ces droits en montrant que, comme seigneur haut justicier, il a toujours puni d'amende tous ceux qui jusqu'ici ont contrevenu aux coutumes en vigueur dans ses propriétés, même pour les choses les plus légères, et que ses prédécesseurs en ont usé ainsi. Nous n'entrerons pas dans les débats du procès; nous n'en rapporterons pas les nombreuses péripéties; il n'y aurait rien de bien intéressant à suivre nos plaideurs dans cette chaude mêlée. Contentons-nous de dire qu'après une enquête ouverte à Saint-Chris-

[1] Archives de l'Oise.
[2] Afforty, t. X, 5335, t. XXII, 166–8.

v

tophe, et dans laquelle furent cités bon nombre de témoins, qui déposèrent
en faveur du prieur. En 1477, le lieutenant particulier à Senlis du Grand-
Maître des Eaux et Forêts, Denys Barthélemy, rendit une première sentence contre le procureur du roi, autorisant le prieur à toucher sans dépens 4 livres 16 sous parisis, prix de la vente faite à Pierre le Camus [1]. Le
lendemain, le procureur, qui était absent, en appela à la Table de marbre [2].
Le lieutenant général de la Table de marbre confirma la sentence, au nom
du grand réformateur, Louis de Laval, et annula l'appel le 3 octobre suivant [3], et enfin, le 27 novembre de la même année, le Parlement mit à
néant un nouvel appel du procureur, et confirma les deux premières sentences [4]. Nicolas Picquet, sergent à cheval au bailliage de Senlis, mit l'arrêt à exécution le 4 janvier 1478, et fit remettre au prieur ses 4 livres 16
sous. C'eût été un bien maigre enjeu pour un si long procès, si en même
temps les divers tribunaux qui eurent à s'en occuper, n'eussent établi les
droits légitimes du couvent pour l'avenir. Les réformateurs des Eaux et
Forêts ne se montrèrent pas en toutes circonstances si favorables au
prieuré, et à plusieurs reprises ils lui firent attendre longtemps la mainlevée de ses coupes de bois ou de ses ventes ; mais toujours Zacharie sut
faire triompher le bon droit et vaincre la mauvaise volonté des nouveaux
grands-maîtres.

Les habitants de Saint-Christophe et de Fleurines se plaignaient alors
du prieur au sujet du droit de paisson et pasnage. Ils faisaient observer et
déclaraient par devant Denys Barthélemy, lieutenant des Eaux et Forêts,
que les deux villages « estoient et sont assis et environnés de bois, sans ce
qu'ils aient quelque labour de quoy ils puissent vivre eulx et leurs bestiaux, tant chevaulx, vaches, pourceaux que aultres, et à cette cause, de

---

[1] T. X, 5340, et XXII, 246.
[2] On désignait sous ce nom les trois juridictions, la connétablie, l'amirauté et la réfor-
mation générale des Eaux et Forêts, qui siégeaient autour d'une table de marbre occupant
toute la largeur de la grande salle du Palais, à Paris, et qui fut détruite dans un incendie
en 1618.
[3] T. X, 5345, et XXII, 249.
[4] T. X, 5348, 5358, XXII, 250.

toute ancienneté et de si longtemps quil nestoit memoire du contraire,
leurs avoit esté baillé tant par les roys de France que par les prieurs et
seigneurs dudit prieuré plusieurs beaux droits, franchises, usaiges et
libertez en laditte forest, et mesmement avoient et ont droit et usaige
de mettre en touttes saisons de lan leurs dessusdits bestiaux, tant vaches, juments, chevaulx, pourceaulx que aultres en certains bois contenant de 4 a 500 arpents ou environ, nommé les Usaiges de Florines et St-
Christophe....., sans que le roy nostre dit Seigneur, le prieur, ni autres
puissent vendre ou bailler le droit de la pesson et pennage, ne luy empecher ausdits habitants en quelque maniere; mais pouvoient user lesdits
habitants en communaulté tant de la pesson et pennage communément
de y prendre bois pour ardoir et moisonner et générallement tout ce qui
leur doibt compéter et appartenir pour leur usaige esdits village et avoient
joy et usé paisiblement depuis 200 ans et plus et de tel et si longtemps
quil nestoit mémoire du contraire. »

Cependant le prieur depuis quelque temps avait vendu ces droits, tout
en obligeant les habitants à lui payer comme autrefois trois deniers parisis de cens et une poule pour chaque pourceau [1], comme il l'avait spécifié
lui–même dans son procès contre le procureur. Il niait que les habitants
pussent mettre dans ses bois d'autres pourceaux que ceux qui leur étaient
nécessaires pour leur nourriture, et en vendant le droit de paisson, il leur
ôtait la faculté de mettre pâturer toutes les bêtes qu'ils achetaient pour
engraisser et vendre. Enfin ils en vinrent à une transaction d'après
laquelle les habitants devaient « joyr doresnavant a toujours, entierement
et franchement desdits bois des Usages.... et pouvoient mettre esdits bois
des Usages et autres bois et esboutures, tant et si longuement que lesdits
esboutures seront en nature de esboutures et par tous les paturages de la
terre et seigneurie dudit prieur leurs bestiaulx, tant pourceaulx que
aultres bestes soit de leur nourriture, achat, marchandise ou aultrement...
moyennant ce que seront tenus de payer par chacun an aux Octaves de

T. X, p. 5344.

Noel audit prieur et ses successeurs au temps advenir..... six deniers parisis..... Retenu aussy audit prieur son usaige esdits bois des Usaiges et esboutures comme lun desdits habitants tant pour le fait de sa nourriture, comme dachat et marchandise, sauf que il ne pourra mener et envoyer esdits bois et esboutures que autant de pourceaulx que le plus grant nombre qui sera mis par lun desdits habitants [1]..... »

Les guerres qui causèrent tant de malheurs à la France, à cette époque, pesèrent assez lourdement sur Saint-Christophe et furent l'origine d'une foule d'autres procès plus ou moins importants, dans l'histoire desquels nous n'entrerons pas. Elles firent aussi tomber les fourches patibulaires et l'échelle, *vrais signes de la haute justice, moyenne et basse du prieuré*. Zacharie ne voulut pas laisser disparaître cette marque de sa puissance, et déjà, en 1463, il avait dressé requête auprès du bailli de Senlis pour obtenir l'autorisation de les relever. Diverses circonstances vînrent retarder la solution de cette affaire, et la mort du bailli et de son lieutenant firent naître de nouveaux obstacles. Les héritiers refusèrent de livrer au prieur les titres qui établissaient ses droits et l'autorisation déjà accordée. En 1481 seulement, Nicolas Mannessier, lieutenant du nouveau bailli, autorisa les moines à relever les fourches et l'échelle; sur leur demande même, et après enquête, il permit de rebâtir les fourches, non pas à leur ancienne place, au-dessus de la croix de Saint-Christophe, entre ce village et Fleurines, mais sur une petite colline voisine du prieuré, qui domine deux chemins, et d'où l'on pouvait les voir de plus loin. Elle s'appelait alors la Corne de l'Ouye, et on y faisait le feu des Brandons [2].

Rappelons seulement en passant que l'échelle servait au même usage que le pilori. On y faisait monter les criminels et on leur faisait passer la tête, les bras et les jambes dans cinq trous disposés de manière à leur ôter toute liberté de mouvement. C'est ainsi que quelques années auparavant un portier de Saint-Vincent avait été *échellé* le jour de l'Assomption de-

---

[1] T. X, p. 5416-17. Acte fort intéressant pour les lieux dits de la forêt, ainsi que les pièces du procès contre le procureur.
[2] T. XXII, 324.

puis sept heures du matin jusqu'à la fin de la dernière messe, parce qu'il était convaincu d'avoir eu en même temps trois femmes vivantes. Le prieur de Saint-Christophe, comme seigneur haut-justicier, avait lui aussi le droit d'*écheller* ou d'attacher au pilori.

Je signalerai aussi un droit que Zacharie Parent réclama dans son fameux procès contre le procureur du roi, ou plutôt de l'exercice duquel il arguait pour prouver la légitimité de ses titres. C'est le droit d'établir un brelan le jour de la foire de Saint-Christophe. Un de ses prédécesseurs s'était vu enlever son brelan par le prévôt de Senlis; mais, sur l'ordre du bailli, le prévôt le lui avait rendu, *pourceque,* dit l'acte, *ledit Berlan appartient audit justicier.* Il nous est permis de voir avec étonnement des religieux ouvrir ainsi des jeux de hasard, quand les conciles les condamnaient si sévèrement, et les leur interdisaient sous les peines les plus graves. Il est vrai que les victimes de ce terrible démon qu'on appelle la passion du jeu, n'avaient pas alors la ressource des villes de bains, et que la roulette et le 30 et 40 n'avaient pas encore élu domicile dans les charmants séjours de Baden, Hombourg, Wiesbaden, etc., ni dans la capitale de la principauté de Monaco. D'ailleurs, les jeux de hasard n'étaient pas alors prohibés par la loi civile avec la même rigueur qu'aujourd'hui, et tout seigneur haut-justicier avait droit de permettre ou d'établir lui-même des jeux publics. Cependant la loi coutumière voulait qu'ils fussent de ceux qu'on appelle licites.

Nous allons retrouver encore une fois Zacharie Parent en procès avec les chevaliers de Saint-Jean de Jérusalem et Godefroy le Couturier, commandeur des maisons de Lagny-le-Sec et de Senlis. La commanderie de Lagny, vous ne l'avez pas oublié, Messieurs, devait payer au prieuré 50 muids de grain par an. Dans les premières années de l'administration de Zacharie, et sous ses prédécesseurs, les guerres de Flandre lui avaient fait beaucoup de tort. La grange aux dîmes et la plus grande partie de l'habitation avaient été brûlées; les dîmes étaient bien diminuées, et sur la demande de Jehan le Roy, qui était commandeur en 1458, le prieur avait consenti à un accord. Il avait été décidé que pendant 30 ans, à dater de la

Chandeleur 1458, la redevance serait réduite à 23 muids de grain. Seulement, les chevaliers devaient payer pour les arrérages échus 60 *écus d'or
en monnoye à la valeur.* Le règne de Louis XI ne fut guère plus favorable,
et ses sujets ne connurent que de nom les bienfaits de la paix. Les 30 ans
passés, le commandeur se plaignit encore au prieur de la dûreté des
temps, « *il remonstra que depuis ledit accord fait, la granche et autres*
« *édifices audit Lagny le secq estoient demourés sans reparer ne mettre*
« *sus et si estoient les dites dismes diminuées et au moins nestoient pas en*
« *valeur et estoit ledit village de Lagny le Secq et tous les pays de France*
« *fort diminués et appauvris au moyen des guerres et divisions qui ont*
« *été durant le règne du feu roy Louys, que Dieu pardonne, requerant*
« *audit prieur et couvent quils voulussent avoir sur ce regard et entrete-*
« *nir laditte modération et icelle continuer encore jusqu'à 32 ans.* »
Zacharie se montra généreux et accepta un nouvel arrangement, en son
nom et au nom de ses successeurs. Il se contenta d'un revenu annuel de
29 muids de grain. L'acte fut dressé par Hugues Boyleau, *licentié es loix
et decrets,* lieutenant–général de Monseigneur le bailli de Senlis [1]. Nous
ne laisserons point passer ces actes généreux de notre prieur, sans y attirer spécialement votre attention, Messieurs. Ils prouvent que Zacharie
Parent n'était pas toujours aussi avide et exigeant que sembleraient l'indiquer la plupart des circonstances de sa vie que nous avons racontées.
Ils nous permettraient de croire que les malheurs qui pesèrent
alors sur notre pays eurent aussi leur part dans les motifs qui le
poussèrent à rétablir et à maintenir avec tant d'énergie les droits du
couvent.

D'ailleurs, malgré tous ces fléaux, les émoluments du prieur étaient
encore assez abondants pour lui permettre quelques acquisitions pour
son propre compte, ainsi que nous le prouvent divers actes qui ont été
conservés. Une partie de ses biens personnels fut destinée par lui à fonder
des obits pour le repos de son âme, et nous voyons plus tard les héritiers

---

[1] T. X, 5449; t. XXII, 538.

de sa famille vendre plusieurs propriétés à Saint–Christophe et à Fleurines [1].

Dès l'an 1490, il fonde quatre obits par an au vendredi des Quatre-
Temps et un *Libera* après la messe de chaque jour [2]. Le revenu, à
prendre sur une maison sise à Saint–Christophe, se montait à 56 sols parisis, dont 32 pour les quatre messes et 24 pour les *Libera*. En 1492, il y
ajouta 3 sols parisis à prendre sur une autre maison, sise à côté du cimetière [3], et 3 mines de grain en 1494 [4].

Cet exemple fut suivi par le secrétain du couvent, damp Jehan Austin,
et sa famille. En 1492, par acte solennel, Jehan Austin et dame Isabeau
Maille, sa mère, veuve de feu Andry Austin, donnèrent à perpétuité au
couvent 4 mines de grain à prendre annuellement à la Saint-Martin d'hiver sur diverses pièces de terre, sises à Saint–Martin–Longueau, pour
avoir part aux prières des religieux et pour la fondation de quatre messes
de *Requiem* au mercredi des Quatre-Temps.

Cependant, le procureur du roi n'avait pu sans dépit, il est permis de
le croire, s'entendre condamner successivement, par tous les degrés de la

---

[1] T. X, 5509. L'an 1583 et 1584, Christophe Parent, âgé de 25 à 26 ans, marchand tapis-
sier et contrepointier, demeurant à Saint–Marcel-lès–Paris, rue Sainte-Françoise, paroisse
Saint–Médard, vend quelques héritages sis à Saint–Christophe.

En 1578, Jacqueline Parent, veuve de Louis Lorfevre, demeurant à Senlis, payait un
cens au prieuré. P 5365.

Noël Mestier et Perrette Parent, sa femme, paient aussi un cens. Ibid.

[2] Archives de l'Oise et t. X, 5501, 5502.

[3] Il acheta cette même maison le 16 décembre suivant, moyennant quatre écus d'or.

[4] « Lan 1490, on mois de mars quinziesme iour, Venerable et discrette personne damp
zacharie parent prieur de ceans institua fonda et ordonna estre dicts et celebrez chascun
an doresnavant a tousiours perpetuellement par les relligieux et couvent de ceans le iour
de vendredi que se feront les 4 tems de lan 4 obiit solempnels avecques vigilles de mors et
aultres suffraiges accoustumes pour le remede et salut de son ame et de ses parens bien-
faicteurs et amis trez passez pour lesquelz 4 obiits ainsi dire et celebrer comme dict est et
aussi pour laugmentation et entretenement du service qui chascun iour se faict ceans a
lissue de la grant Messe qui se dict au grant autel en chantant le repons et le *libera* le
pseaume *de profundis* et les oraisons..... »

Un peu plus bas se trouve la donation de 1492, et au revers celle de 1494. Le tout est écrit
en marge d'un feuillet d'évangéliaire contenant l'Evangile *Ecce ego mitto angelum meum
ante faciem meam.* — Archives de l'Oise, Saint-Christophe-en-Halatte.

juridiction, dans son procès contre le prieur de Saint-Christophe. Aussi, en 1494, chercha-t-il un nouveau biais pour reprendre l'avantage, et faire à son tour condamner M⁰ Parent. Celui-ci ne céda pourtant point la victoire ; il exhiba de nouveau ses titres, réunit en mémoire tous ses droits, et établit clairement la justice de sa cause par devant le lieutenant des Eaux et Forêts. Le procureur l'accusait d'avoir indûment loué et défriché, pour être mise en labourage, une partie de la forêt qui relevait du roi comme gruerie, et devait payer à chaque coupe une redevance qui devenait illusoire si le bois était défriché. Zacharie établit que ce qu'il avait mis en culture ou loué pour cet usage, l'était récemment encore, et n'avait été replanté en bois que peu d'années auparavant, comme il était facile de le constater en comparant avec les forêts voisines. Il s'offrit d'ailleurs à payer au roi son vingtième et tiers sur une autre coupe de bois d'égale contenance, dans la partie exempte de gruerie, et par sentence du 29 juillet 1494, le procureur se vit encore débouté de sa plainte [1].

L'année suivante amena de nouvelles tribulations à propos des droits forestiers. Le seigneur de Précy, de Rasse et du Plessier-Choiseul, Guillaume de Saint-Simon [2], « bien que toutes assemblées illicites, ports
« d'armes et voies de fait fussent prohibées et défendues, accompagné de
« Jehan de Montaigny, Guyot Payen et Jehan du Molin, francs-archiers,
« et autres gens de guerre jusqu'au nombre de 16 ou 20 personnes armés
« et embâtonnés de plusieurs bâtons invasibles, se transporta sur deux
« pièces de bois et autour d'icelles et illec coppa et abattit, et fit copper et
« abattre certaine grande quantité de bois estant ausdites pièces par 16 ou
« 20 bocquillons....., et iceluy bois fit transporter vendre et distribuer.....
« en jurant et blasphémant par les dessus dits le nom de N.-S. et des
« saints et disant que si lesdits religieux ou autres se transportaient sur
« lesdites pièces de bois pour les empêcher a leur entreprise quils leur
« copperaient bras et jambes et osteraient la vie du corps. » C'est en ces

---

[1] T. XXII, 693.
[2] Son petit-fils ou arrière-petit-fils est le fameux duc de Saint-Simon, auteur des *Mémoires*.

termes que Zacharie fit connaître au tribunal l'acte coupable dont il demandait la sévère punition. Cette fois encore il triompha et vit condamner
son adversaire par les divers degrés de la juridiction. Il est curieux seulement de mettre en regard le récit que fit de son côté Guillaume de Saint-
Simon devant la Table de marbre, lorsque, voyant sa cause définitivement
perdue, il proposa d'en venir à un accommodement. D'abord, les vio-
lences qu'on lui reprochait n'existaient que sur le papier ou dans l'imagi-
nation de ses accusateurs; ensuite, si réellement il avait fait abattre et enlever du bois sur le domaine du prieur, c'était pure erreur de sa part, et il
croyait l'avoir pris dans une propriété qu'il venait d'hériter de Jehanne du
Lys. Mais, ayant constaté par lui-même que le bornage des bois du prieur
était bien visible et lui donnait tort, il se désistait de son appel, était tout
prêt à rendre les 40 chênes qu'il avait fait enlever, et à signer un accord.
Le Grand-Réformateur le condamna à rendre tout le bois qu'il avait pris,
à laisser jouir le prieuré de la pièce de bois en litige, et à lui payer 20 livres
tournois de dommages-intérêts. Le roi en son parlement confirma la dé-
cision le 10 mars 1500, troisième année de son règne, et Zacharie, pour
éviter à l'avenir semblables contestations, fit relever par le lieutenant-général des Eaux et Forêts le bornage de tous ses bois. On en peut encore
lire tout le détail dans Afforty [1].

Je passe sous silence une foule d'autres petits détails de ces procès
qui touchèrent aux plus grands intérêts du prieuré, ainsi que nombre
d'autres pièces rappelant des faits de moindre importance. J'en cite pour
exemple les contestations qui de nouveau s'élevèrent entre le prieur et les
habitants de Saint-Christophe et de Fleurines à propos de leurs droits
de paisson, pasnage ou autres, et qui faisaient dire à ces pauvres gens que
si on ne leur maintenait ce droit, il valait mieux pour eux quitter le pays;
un procès avec la fabrique de la Chapelle-en-Serval, à propos d'une ruelle
qui longeait le cimetière, etc., etc., [2].

---

[1] T. X, p. 5535-50.
[2] T. X, 5246.

Nous arrivons au terme de cette longue vie, et nous verrons en finissant Zacharie montrer le même zèle pour les intérêts de ses parents. Depuis près de 50 ans il gouvernait le prieuré, lorsque, sentant sans doute ses forces décliner, et voulant assurer à sa famille cette riche succession, il sollicita lui-même en cour de Rome la permission de transmettre sa charge à son neveu, Antoine Parent, alors âgé de dix-sept ans. Il alléguait les mêmes motifs qu'il avait déjà donnés pour obtenir le droit de posséder trois bénéfices, la noblesse de sa race et la nécessité de soutenir dignement l'honneur de son nom. La permission lui fut accordée par une bulle d'Alexandre VI, du 5 avril 1502. Une autre bulle nous apprend à quelles conditions se fit cette transmission. Zacharie obtint de conserver les menues dîmes de Lagny-le-Sec et du Plessis-Belleville, les revenus de la commanderie de Lagny, deux maisons sises l'une à Senlis, l'autre à Saint-Christophe [1], et enfin la collation et la présentation aux cures et bénéfices qui relevaient du prieuré, c'est-à-dire environ le tiers des revenus. Si nous ajoutons à cela qu'il était en même temps prieur de Saint-Martin-Longueau, nous comprendrons qu'un tel acte ne lui ait pas trop coûté, et qu'il ait pu à ce prix se montrer généreux envers son jeune neveu.

ANTOINE PARENT

Le Souverain Pontife avait nommé pour mettre en possession Antoine Parent ou de Parent, comme voudrait le faire croire le génitif qu'ils affectèrent d'employer dans les actes latins, l'abbé de la Victoire, Pierre du Coudray, chanoine d'Aix, le prieur de Saint-Martin-des-Champs, et l'Official de Senlis [2]. Il était *natif de Bourgogne,* comme il le dit lui-même dans la lettre qu'il écrivit à l'empereur d'Allemagne, quelques années plus tard à l'occasion du prieuré de Cohen. Pierre du Coudray délégua pour cet office Jean de Lorme, prêtre et notaire juré de Senlis, qui, en présence

[1] T. X, 5503.
[2] T. X, 5279, 5280.

de Zacharie Parent, prieur de Saint–Martin–Longueau, de Guillaume Bauchesy, prieur de Verneuil, sous–sacristain de Saint–Christophe, de Galeran Cornu, curé de Fleurines, de Mathurin Péton et de Thomas Cornu,
barbier, remit au procureur d'Antoine, Jean du Châtel, curé du Plessis-
Belleville, les clefs, le missel, le calice et les ornements, lui fit toucher les
coins de l'autel, et enfin accomplit toutes les autres formalités en usage
pour la tradition d'un prieuré, faisant toutefois les réserves contenues
dans la bulle, et dont nous avons parlé.

Quelques mois après, Antoine commença à exercer ses pouvoirs, en
louant pour 30 livres par an la ferme des revenus du prieuré à Saint-
Pierre-Pompoing [1]. En 1504, il louait à Verneuil une quinzaine d'arpents
de pré. En 1505, le prévôt de Senlis rendait une sentence en sa faveur,
pour qu'on lui payât un surcens de 20 sols parisis sur une maison sise à
Senlis, entre le château et la porte l'Eguillière, à l'enseigne du *Canard
Sauvage* [2]. Son oncle l'avait achetée peu de temps auparavant à un chanoine de Saint–Rieul, Jacques le Fuizelier, et louée en 1500 moyennant 20
sols de rente, et nous retrouvons plusieurs sentences relatives au même
revenu jusqu'en 1683. En 1516, notre prieur reçut une mission importante
du cardinal Jules de Médicis, frère du pape Léon X, et plus tard Souverain
Pontife lui-même. Le cardinal venait d'être nommé à l'évêché de Lavaur [3].
Ne pouvant ou ne voulant pas aller prendre possession lui-même, il chargea son secrétaire et Antoine Parent d'aller pour lui remplir cette forma-
lité : « *Fecit, constituit, creavit, nominavit, deputavit, et solemniter ordi-
navit suos veros, certos... procuratores, videlicet Ipolitum secretarium
suum, et F. Antonium Parent, priorem Sancti Christophori in Halate, ad
ipsius Domini Cardinalis constituentis nomine et pro eo corporalem,
realem et actualem possessionem Ecclesiæ Vaurensis, in spiritualibus et
corporalibus capiendam.* » Cette mission, de la part d'un si haut person-

---

[1] Ib., 5255.
[2] Ib., 5282.
[3] Ib., 5493.

nage, nous montre qu'Antoine Parent tenait déjà sa place dans le monde, et, sans doute à cause de sa famille, jouissait d'une assez grande considération, même à la cour du magnifique Léon X.

En 1517, le prévôt de Senlis rendit un arrêt qui condamnait les enfants de Jehan Harlet à payer au prieur de Saint-Christophe 4 muids de grain, pour une maison et 50 arpents de terre environ dont ils jouissaient à Bray [1].

Le bail à vie avait été dressé en 1453, moyennant 2 muids et 4 mines de grain, à la condition que Jehan Harlet ferait ajouter à la maison, en 6 ans, huit travées, *tant en maison manable, en granches comme en estables, le tout couvert en chaume.*

En 1518, Antoine Parent signa un accommodement avec Jacques d'Apremont, frère de Balthazar d'Apremont, commandeur de Lagny-le-Secq, pour réduire à 40 muids la redevance en grains que recevait le prieuré, et l'an 1520, Balthazar ratifia lui-même cet arrangement [2].

L'année suivante, Antoine Parent obtint du pape Léon X des bulles de provision pour le prieuré de Saint-Maurice de Senlis, devenu vacant par la résignation de Simon de la Londe [3]. Les abbés de Saint-Vincent de Senlis et de Saint-Médard de Soissons furent chargés, avec l'Official de Senlis, de le mettre en possession, et le 14 septembre 1521, l'Official, Maître Pierre Desprez, seul, autant que semble l'indiquer l'acte, se rendit au domicile d'Antoine Parent sis environ à un jet de pierre du prieuré. Cette maison, peut-être l'hôtel du *Canard Sauvage* dont nous venons de parler, lui permettait de ne pas séjourner toujours dans ce triste village de Saint-Christophe, au milieu des forêts, ce qui eût été peu agréable pour un personnage de sa condition, instruit sans doute, puisqu'un acte le qualifie de scientifique personne, et habitué à fréquenter la haute société.

---

[1] Cet acte, qui mentionne beaucoup de lieux dits, pourrait être intéressant à consulter pour les habitants de Bray et des environs. (Voir Afforty, t. X, p. 5244).

[2] T. X, 5458-62.

[3] Ib., 5287.

Pierre Desprez prit connaissance des bulles, de divers actes attestant la libre et volontaire résignation de Simon de la Londe, et puis même sa mort, enfin, de tous les titres d'Antoine. Ceci bien et dûment terminé, ils se rendirent tous deux au prieuré. Il est à supposer que les religieux ne voyaient pas de bon œil cette nomination, peut-être parce que Antoine Parent appartenait à l'ordre de Cluny, tandis qu'ils étaient chanoines réguliers de Saint-Augustin ; peut-être parce que cette prétention peu monacale de cumuler plusieurs bénéfices sans s'astreindre à suivre les règles de la vie religieuse, que pourtant ils avaient bien oubliées eux-mêmes, leur déplaisait ; ou parce que, fiers de leur origine et de leur robe rouge [1], ils ne voulaient pas d'un prieur qui ne pouvait porter le même costume ; peut-être enfin n'avaient-ils pas même été informés de la prise de possession du nouveau prieur. Toujours est-il que nos deux personnages, arrivés à la grille du chœur de Saint-Maurice, la trouvèrent fermée, et furent obligés de sonner à trois reprises l'une des cloches pour appeler quelqu'un des religieux. Enfin il s'en présenta cinq ou six, et parmi eux Gérard de Michy, gardien des clefs du couvent. L'Official leur signifia l'ordre d'avoir à ouvrir la grille du chœur pour la prise de possession de leur nouveau prieur. Ils refusèrent en murmurant d'obéir, mais l'Official ne se tint pas pour battu. Il ordonna à Antoine de se mettre à genoux, tête-nue, et de prêter le serment prescrit par la bulle, qu'il lut clairement et avec soin en présence des moines, et le mit en possession de tous les droits et appartenances du prieuré. Nicolas le Bel, clerc et notaire public, en dressa l'acte par devant témoins, sans plus tenir compte des plaintes des chanoines. Cependant, Antoine Parent ne jouit pas long-temps de ce bénéfice, car divers actes nous apprennent que, peu d'années après, Guillaume Parvi, évêque de Senlis, voulant terminer la réforme de

---

[1] Une des principales difficultés contre lesquelles eut à lutter Guillaume Parvi, pour introduire la réforme dans le monastère, fut précisément celle du changement de costume. Les religieux de Senlis voulaient conserver les priviléges et l'habit de l'abbaye de Saint-Maurice d'Agaune, d'où ils tiraient leur origine.

Saint–Maurice, avec l'appui du roi François Ier, eut à lutter contre le prieur, qui se nommait alors Jacques Monnot, et qui jouissait déjà depuis plusieurs années de ce titre. Antoine était alors ou il fut peu après prieur de Meyre, près Bar–sur–Seine.

Mais si Antoine prenait tant à cœur ses propres intérêts, il oubliait peut–être un peu ceux de son couvent; ou plutôt son titre de commendataire lui interdisait de s'occuper de certaines affaires. Aussi voyons–nous en 1526 le secrétain de Saint–Christophe, Jean Rogerie, avoir recours en son nom et au nom des religieux à l'autorité du prévôt de Senlis, pour faire payer au prieuré un revenu de 3 mines de blé.

En 1528, les héritiers d'Yvonnet du Buef transmirent au prieuré 5 sols 4 deniers parisis de rente, à la charge pour les religieux de dire, *chanter* et célébrer chacun an, pour l'âme dudit défunt, *une messe basse (sic)* le samedi d'après le jour de Saint–Christophe.

Au mois de novembre 1534, Paul III, sans doute pour donner à Antoine Parent une compensation de la perte qu'il avait faite de la commende de Saint–Maurice, lui octroya 60 livres tournois de pension à prendre sur le prieuré de Cohen, au diocèse de Thérouanne[1]. C'était alors Hugues Sevin, chantre en dignité de l'église de Thérouanne, qui le possédait en commende.

Ici, nous retrouvons encore le prieur aux prises avec les chevaliers de Saint-Jean, à propos des revenus des commanderies de Lagny-le-Sec et de Senlis[2]. Mais, cette fois, la lutte fut plus sérieuse, et les chevaliers allèrent jusqu'à renier leur dette, et prétendre que jamais elle n'avait été légitime. En 1539, Antoine avait obtenu du lieutenant–général du bailli une sentence condamnant le commandeur Jacques d'Apremont à lui payer les 50 muids de grain de revenu ordinaire, plus 34 ou 40 autres pour les arrérages échus. Après maintes sentences rendues dans cette cause par les lieutenants du bailli et acceptées des deux parties, le Grand–Maître et

[1] T. X, 5288, 5494, et XXIII, 157.
[2] T. X, 5459, 5485, et XXIII, 287.

l'Ordre tout entier prirent fait et cause pour le commandeur, et se por—
tèrent opposants à leur exécution. Le dernier accommodement signé par
Balthazar n'était pas valable, disaient-ils, car il n'avait pas été ratifié par
l'Ordre ; ensuite, Lagny-le–Sec et le Plessis ne pouvaient guère donner au
plus haut que 8 ou 10 muids de grain de dîme ; il vaudrait donc bien mieux
pour la commanderie en faire l'abandon que de payer à Saint-Christophe
50 muids, ce qui serait la ruine de cette maison. Ensuite, reprenant les
choses à l'origine, ils prétendaient que jamais le prieuré n'avait eu de
droit légitime sur ces dîmes, depuis que la terre de Lagny était passée des
chevaliers du Temple à ceux de Saint-Jean. En effet, quand le prieuré de
la Charité–sur-Loire, alors chargé de dettes et rongé par l'usure, vendit
pour une grosse somme d'argent les dîmes de Lagny aux Templiers, il
n'était nullement question de redevances en grain ; mais, par suite des
embarras pécuniaires de l'Ordre, l'année suivante, André de Coleurs,
commandeur de Lagny, consentit, de sa propre autorité et sans ratifica-
tion du Grand-Maître ni de son conseil, à payer cette redevance de 50
muids de grain. Il avait d'ailleurs obtenu en échange quelques autres
dîmes, comme celles de Villiers, près Gandelus, dont pourtant les moines
de Saint-Christophe ne se dessaisirent jamais ; de fait, rien n'avait été
payé jusqu'en 1458, sous Jean Le Roy ; par conséquent, le contrat était
nul de plein droit. Et si les commandeurs Jean Le Roy, Geoffroy Le Cousturier, Estienne Bernard et Balthazar d'Apremont avaient consenti à des
accommodements, à diverses époques, jamais l'approbation de l'Ordre
n'était venue donner force à ces arrangements conclus entre particuliers.

Le roi, par lettres royaux du 11 août 1543, accorda aux chevaliers
licence de délaisser entièrement les dîmes au prieuré de Saint-Christophe,
et renvoya le tout au Parlement. André Tiracqueau et Adrien du Drac,
conseillers au Parlement, furent chargés d'examiner l'affaire, et les faits
ne conclurent pas en faveur des chevaliers. Le 20 novembre suivant, en
effet, le Parlement, sur le rapport des conseillers, confirma la sentence
du bailliage de Senlis, du 11 mars 1541, qui autorisait Antoine Parent à
percevoir 10 muids de grain sur la commanderie de Lagny, comme partie

des 50 muids en question. Nouvel appel de Jacques d'Apremont; mais il fut mis à néant comme les autres, l'arrêt du Parlement maintenu, et le prieuré triompha une fois encore des chevaliers de Saint-Jean.

Cependant, les habitants de Saint-Christophe et de Fleurines se plaignaient amèrement au prieur de la grande gêne dans laquelle ils étaient tombés. Jusque-là ils avaient vécu du produit des bestiaux qu'ils élevaient, et ils avaient pour les nourrir une grande pièce de bois appelée les Usages de Saint-Christophe, d'une contenance de 5 ou 600 arpents, dans laquelle ils les mettaient pâturer. Ce bois appartenait au prieur, mais les manans y jouissaient du droit de paisson et pasnage. Le prieur, pourtant, l'avait fait couper et mettre *à tire et à aire,* c'est-à-dire qu'il l'avait fait raser complétement, ne laissant debout que les arbres de réserve, et complétant ainsi l'œuvre du vent qui en avait fait tomber une grande partie quinze ans auparavant[1]. Alors, défense avait été faite d'y mettre pâturer les bestiaux, sous peine de confiscation et d'amende arbitraire, jusqu'à ce que le bois *se pût défendre.* Les manans avaient protesté, plaidé, et régulièrement perdu leur cause. Ils allèrent donc trouver Antoine Parent (1542)[2], et lui dirent : « Que si lesdittes deffenses tenoient, il leur conviendroit mou-
« rir de faim et pareillement leurs enfants et famille, ou abandonner leurs
« dits villages, maisons et heritaiges si peu quils en avoient, et que le
« grant bien, prouffit et utilité desdits manans et habitans seroit si laditte
« pièce, au moins la plus grant partie dicelle estoit mise en labour..... »
Antoine Parent répondit à ces plaintes amères en faisant faire une sérieuse enquête qui ne justifia pas tout à fait les plaintes des habitans[3].

Les témoins attestent tous que les grands vents ont abattu la plupart des arbres de ce bois aussi bien que du reste de la forêt, tandis que 40 ans auparavant, c'est Maixent Arondel, lieutenant du prévôt royal de Pont qui le dit « la pièce des Usaiges était peuplée d'arbres et en beau bois de « haute fustaye aussy beau quil ny en eut point en la forêt. »

---

[1] T. X, p. 5557.
[2] T. X, p. 5553-7, et XXIII, 367, 563, 587-9.
[3] T. X, 5353-59.

Mre Mathieu Peton, prêtre demeurant à Lagny-le-Sec, qui a été 7 ans au prieuré comme « dispencier et principal entremetteur des affaires de « damp Zacharie Parent », et trois ans sous son neveu Antoine, qui l'a ensuite envoyé à son prieuré de Meyre-lès-Bar-sur-Seine, déclare que le prieur a tout droit de justice dans les villages de Saint-Christophe et Fleurines, qu'il ne s'y exerce qu'une juridiction par un prévôt et garde de justice, que les plaids se tiennent à Saint-Christophe, qu'il connaît la pièce dite des Usages, qu'elle a été ravagée par le vent, et que depuis, le prieur et les habitants en ont usé le reste « tellement que a présent il ny a plus de bois et ne y a que du jeune revenu qui est brouté et gasté chascun jour par leurs bestes à corne quils y envoyent et par leurs bestes blanches qui y sont menées par les bergers..... » Il ajoute « quils perdront lesdits Usages sil ne y est mis remede et gardé de y coupper le jeune revenu et de y mener le bestail jusqu'a certain temps, qui seroit le grand prouffit desdits habitans comme diceluy prieur..... » Il atteste « que les manants payoient lors pour leurs usages, chacun habitant une poulle, lequel droit il a reçu plusieurs fois avec six deniers parisis en argent pour chacun pourceau quils mettoient paissonner en laditte pièce de bois, et a sceu que depuis lesdits habitans ont fait une composition avec ledit demandeur qui les vouloit empecher de leurs usaiges et paisson en ladite piece de bois, par laquelle ils ont étéz tenus de payer deux poulles au lieu dune quils souloient payer, avec 12 deniers parisis pour chacun pourceau. »

Jean Lanier, lieutenant du prévôt de Pompoint, déclare que dans cette pièce, il n'y avait pas d'herbe avant la tempête qui l'avait ravagée, et que « estoit bon mestier ausdits habitans de faire mener leurs bestes à corne dedans la forest du Roy ou ils ont droit de paisson comme il est notoire. »

Jehan Guérin, sergent *dangereulx* pour le Roi en sa juridiction des Eaux et Forêts à Senlis, confirme cette déclaration et ajoute que les habitants peuvent fort bien mener leurs bêtes dans les bois du Roi en attendant que le bois des Usages se puisse défendre.

Jehan Roussel, procureur et praticien, lieutenant du Maître des Eaux et Forêts, déclare aussi que les habitans ont droit de paisson dans les bois

VII

en gruerie, « qui sont de bien grant estendue, douze fois plus grant que icelle pièce de bois. Ledit déposant les a vu et voit souvent user dudit droit de paturage. »

La déposition de Pierre de Lastre nous indique un autre droit du prieur, celui de chasse à la haie. « Il a vu plusieurs fois du vivant de damp Zacharie Parent, le Seigneur de Verneuil quant il faisoit chasser, envoier ses serviteurs par devers ledit damp Zacharie Parent demander congié de faire hayes dedans laditte pièce de bois, pour ce que les bestes de venaison se y reffugioient volentiers, ce que faisoit voulentiers ledit prieur de Saint-Christophe, et quant il y avoit prinse, luy estoit envoié sa part, et sil y avoit deux bestes prinses il en avoit lune; le set luy déposant parcequil sest trouvé souvent esdittes chasses pour le Seigneur dudit Verneuil et semblablement es autres chasses que fesoit faire ledit prieur..... »

De tout cela, il résultait que les plaignants exagéraient quelque peu leurs doléances, et n'étaient guères fondés dans leur réclamation. Pourtant, Antoine Parent se laissa toucher, et pour ne pas les laisser mourir, il consentit à mettre à leur disposition 200 arpents de terre, destinés soit aux pâturages, soit au labourage, à charge, pour les terres labourées, de payer un boisseau d'avoine et 16 deniers parisis tous les ans au jour de saint Remy, sans préjudice de ce qu'ils payaient pour le droit d'Usage. Peu de temps après, le prieur de la Charité-sur-Loire, Robert de Lenoncourt, cardinal du titre de Sainte-Apolline, ratifia cette transaction en 1550, ce que firent après lui le sous-prieur et les religieux. L'affaire cependant ne se termina pas là, et nous aurons bientôt occasion d'y revenir.

Antoine, sur ces entrefaites, se préparait à quitter Saint-Christophe pour prendre, ou du moins essayer de prendre possession du prieuré de Cohen [1], que le pape lui avait accordé, non pas que la dynastie des Parent renonçât absolument au prieuré, car, peu d'années après, nous y retrouverons Louis Parent. Peut-être le vrai motif de son départ était-il d'assurer pour plus de temps à son héritier Louis, qui, nous semble-t-il, lui

_____

Г. X, p. 5288, 5494.

était uni de bien près par les liens de la parenté, la possession de cette riche commende.

Nous n'entrerons pas dans le récit des luttes qu'il eut à soutenir pour entrer en possession de Saint-Jean de Cohen, des nombreuses démarches qu'il fit avec si peu de succès auprès de l'empereur, comte de Flandre et d'Artois, pour obtenir l'autorisation de faire fulminer les bulles du pape, des accommodements auxquels il dut en venir avec son prédécesseur, et qui l'amenèrent à se contenter d'un revenu de 30 écus d'or au soleil, à prendre sur le prieuré de Cohen; tout cela est étranger à l'histoire de Saint-Christophe.

LOUIS PARENT

Antoine Parent avait résigné sa charge en faveur de Charles de Saint-Paul ou de la Guillanche le 6 août 1544; mais celui-ci, paraît-il, ne pouvait pour certaines causes d'incapacité prendre possession du prieuré, et le sacristain du prieuré de Pompoint, Antoine Saingues ou Samgas, fut nommé pour le remplacer [1]. Celui-ci résigna sa charge en faveur de ce même Charles de Saint–Paul par procuration confiée à M⁰ Jacques de Favergies, docteur en décrets, en date du 28 mars 1545. Puis, au mois d'octobre de la même année, Antoine Feyssier donne également sa procuration pour résigner sa charge de prieur, dont il avait été pourvu à cause de l'incapacité de Jean de Saint–Paul ou de la Guillanche. Est-ce le même que Charles? Est-ce un de ses parents? Rien ne l'indique, mais sans doute il était de la famille de Jehan de la Guillenche, procureur de Zacharie Parent en 1457, dans l'affaire des dames du Montcel. Toujours est-il que ce Jean résigna à son tour son bénéfice en faveur de Louis Parent. Mais le nouveau titulaire ne fut pas accepté par le cardinal de Lenoncourt, prieur de la Charité–sur–Loire, qui le disait inhabile et incapable pour plusieurs raisons, et il nomma frère Philippe Pennet, bachelier *formé* en faculté de théologie de Paris. Cependant, les cinq avocats auxquels il avait demandé une

---

[1] T. X, 5284, t. XXIII, 410, 424.

consultation à ce sujet furent d'avis que les provisions du jeune Parent étaient valables [1].

Louis Parent ne renonça pourtant point au bénéfice ambitionné. Il fit un traité avec un nommé Simon, banquier en cour de Rome, moyennant une somme assez ronde, puisque les 130 écus d'or au soleil qu'il donna pour acquit, n'étaient qu'une portion de sa dette, et Simon se chargea de faire corriger les bulles [2]. Elles portaient ces mots : *Forsan dictus Parentis est genitus de Johanne resignante*, qu'on remplaça par ceux-ci : *Alias pater ipsius Ludovici dictum prioratum forsan obtinuit*. La paternité de Louis Parent est ainsi laissée douteuse, bien qu'Afforty prétende qu'il était fils d'Antoine Parent; il a en sa faveur le nom de famille, qui implique une reconnaissance qu'on peut regarder jusqu'à un certain point comme légale, et la correction de la bulle qui, si elle coûta cher, ne semblera pas moins être d'une valeur assez douteuse. Là ne se bornait pas pourtant l'incapacité du jeune prétendant. Il était déjà dans les ordres à cette époque, mais il avait eu une jeunesse assez orageuse, et il avait encouru des censures et irrégularités : 1° pour avoir porté les armes dans les guerres entre François Ier et Charles-Quint, poussé par le désir de connaître la vie des camps, et y avoir contribué aux actes de violence, aux ravages, incendies, rapines qui en sont la suite nécessaire; pour avoir même blessé peut-être quelques personnes, mais non pas jusqu'à la mort; 2° pour s'être fait ordonner par un autre évêque que le sien, sans avoir obtenu dispense, étant bâtard. Cependant, il y avait mis de la simplicité, et avait agi sans connaissance du droit, dit la bulle qui le relève de ses censures : « Ac post modum devotione ductus, tanquam simplex et Juris ignarus tacito defectu natalium quem pateris, de monacho genitus et solutâ et nulla super illos ac aliis premissis dispensatione obtenta, te ab alio quam a tuo proprio Antistite forsan absque litteris dimissorialibus clericali caractere, alias tamen rite insigniri fecisti. » Il avait donc été re-

---

[1] T. X, p. 5283.
[2] T. X, 5281.

levé de ces censures et irrégularités par cette bulle du 15 juillet 1539, et
Philippe Pennet ayant consenti à lui céder ses droits, il prit enfin possession, et y fut maintenu par sentence du prévôt de Paris, *en date du 3 juin
1547* [1].

Le 8 janvier 1546, il faisait dresser un registre des saisines faites par
lui à titre de seigneur de Saint-Christophe et Fleurines en Hallatte, Villemétrie et du fief du Four à Senlis [2].

Je ne m'arrêterai pas à vous raconter les procès qu'il eut à démêler
avec le curé et les marguilliers de La Chapelle-en-Serval à propos du
presbytère, du cimetière et d'une ruelle qui longeait le cimetière. Quoique
la lutte fût commencée depuis plus de cent ans déjà, elle n'est pas assez
intéressante pour mériter votre attention.

En 1556, Louis Parent, alors conseiller du roi et son aumônier ordinaire, reçut de lui un témoignage flatteur de ses sentiments affectueux.
Le clergé, pour venir en aide au roi, avait consenti à payer une contri-
bution de guerre de 8 deniers par personne et par bénéfice. Louis Parent
en fut dispensé pour chacun de ses bénéfices situés dans les diocèses de
Beauvais, Langres et Evreux, en considération *de ses bons et agréables
services, par cy-devant et dès longtemps faicts.* Ceci nous permet de
croire qu'il jouissait déjà d'un nombre raisonnable de bénéfices, puisqu'il
en avait dans trois diocèses; cependant, son ambition n'était pas encore
satisfaite, et l'année suivante, il obtenait un canonicat et une prébende à
Notre-Dame de Senlis. Il en fut mis en possession par Louis Thibaut,
sous-chantre et chanoine. Après qu'il eut prêté serment, et baisé le
maître-autel, on lui donna une stalle du côté du chantre, *in superioribus
cathedris.*

Le lendemain, il prenait encore possession d'un canonicat à Saint-

---

[1] T. X, 5281.

[2] Ce registre et les cueillerets faits par Zacharie et Antoine Parent sont très curieux à
consulter pour toutes les indications qu'ils donnent sur les anciens villages de Saint-
Christophe et de Fleurines. T. X, 5335, 5360-2.

Rieule ¹. Ces deux bénéfices lui avaient été laissés par Guillaume Gau-
mont, chanoine.

Le clergé avait consenti, en 1563, à vendre pour 450,000 livres de
rente de biens, pour subvenir aux frais de l'expédition qui devait nous
rendre la ville du Havre, alors entre les mains des Anglais. Le prieur et
le couvent de Saint-Christophe avaient été taxés à 1,512 livres, et Louis
Parent avait emprunté 1,500 livres à M. Daniel Dufresne, receveur
ordinaire du domaine du bailliage de Senlis, moyennant une rente de
125 livres assise sur le fief de Pontpoint. Daniel transféra, en 1565, sa
rente à Jean Parent, héritier du prieur, et en 1573 le bailli de Senlis
condamnait le détenteur d'une maison sise rue du Chat-Héret à payer
à Jean 23 sols de rente, faisant partie des 125 livres ². Mais le couvent
restait toujours grevé de sa dette en 1575; Louis Le Clerc mit en vente le
fief de Saint-Pierre-Pontpoint, chargé de la rente de 125 livres envers la
veuve et les héritiers de Jean Parent, et consistant en une maison,
quarante-quatre arpents de terre, cinq ou six livres de cens, trois chapons et une mine de blé. La vente se fit à la criée et à l'extinction de la
chandelle; le fief fut adjugé moyennant 900 livres à Louis Le Bel, conseiller du roi.

Louis Parent prit soin des intérêts du prieuré aussi bien que des
siens, si on en croit Afforty, et il fit reconstruire à neuf une portion du
prieuré. Mais cette construction disparaîtra en 1764, pour faire place à
un nouveau bâtiment dont nous donnons plus loin le plan avec indication des modifications qu'il apportait à l'ancien. Louis Parent avait fait
placer au-dessus de la porte d'entrée son écusson, entre les majuscules
L. P., et environné d'une couronne d'épines. Le même écusson se
trouvait sur l'hôtel de M. l'abbé de La Fosse, chanoine semi-prébendé
de Notre-Dame. Cet hôtel, situé rue du Chat-Héret, avait été longtemps

---

¹ T. X, 5288.
² P. 5263.

l'hôtel des Prieurs de Saint-Christophe; mais il avait été vendu en 1577, comme nous le verrons plus loin.

En dehors d'un arrêt de la *Table de marbre,* qui permet aux habitants de Saint-Christophe et de Fleurines *de faire paistre leurs bestes chevalines par toute la forest de Hallatte hormis les taillis nestans en deffense, et de soyer l'herbe par toute la dicte forêst en tems et saison mesme es taillis non deffensables, pour la nourriture de leurs bestes;* en dehors de quelques autres arrêts relatifs aux droits de paisson et pasnage, de quelques baux et loyers peu importants en eux-mêmes, le reste de l'administration de Louis Parent, comme prieur commendataire de Saint-Christophe, se passa sans laisser de souvenirs. Nous n'avons même pas trouvé la date de sa mort ou de sa renonciation au prieuré.

FRANÇOIS BAZIN

En 1570 seulement, le 10 mai, nous trouvons François Bazin en possession de Saint-Christophe, comme le prouve une procuration pour gérer ses affaires, qui se trouve aux archives de Beauvais. Il est permis de croire qu'il donna cette procuration peu de temps après sa prise de possession, et par suite, depuis peu de temps aussi Louis Parent n'était plus prieur. C'est le seul acte qui nous reste de François Bazin, et il nous est impossible de fixer la durée de son administration, qui d'ailleurs ne fut pas longue. Il nous semblerait même douteux, n'était cet acte, qu'il eût jamais exercé les fonctions de prieur; car les pièces du procès intenté par les prieurs aux habitants de Saint-Christophe et de Fleurines ne font nulle mention de lui.

ROBERT CHESNEAU

Ce procès dont l'origine remonte jusqu'en 1540, et même plus haut, ne fut terminé qu'en 1575, sous Robert Chesneau, aumônier ordinaire du roi, et prieur commendataire de Saint-Christophe, que le cahier des charges nomme plusieurs fois le successeur de Louis Parent. Il s'agissait

encore de la pièce des *Usages,* sise au lieu dit la *Femme-Morte* et appelée
Serfouillet. Les manants avaient tellement abusé du droit de pâture que
le bois se trouvait en fort mauvais état. Le prieur obtint l'autorisation
de leur en interdire l'accès, jusqu'à ce qu'il fût en état de se défendre,
selon l'expression consacrée; et nous avons vu Antoine Parent, touché
de la détresse dans laquelle cet arrêt avait fait tomber ces pauvres gens,
leur permettre de défricher deux cents arpents de bois, à condition que
de leur côté ils renonceraient à tous leurs droits sur cent autres arpents
pris dans les Usages, et dont le prieur et ses successeurs useraient à leur
gré. Mais en 1549, les manants obtinrent des lettres royaux, portant
rescission de la transaction. Louis Parent s'opposa à l'entérinement de
ces lettres, et le procès recommença. En attendant l'examen des droits
réciproques des parties, le parlement ordonna le maintien de la transaction, et cet état de choses se prolongea pendant vingt ans environ.
Alors les habitants, obéissant à de mauvaises inspirations, prirent de
force possession du bois, et le ravagèrent à plaisir. Robert Chesneau
obtint en 1573 [1] un nouveau maintien de la transaction, et la condam-
nation des manants. Ils ne se tinrent cependant pas pour battus, et
renouvelèrent leurs plaintes au prieur et au parlement. Ils avaient
toujours joui, disaient-ils, du droit de paisson pour leurs bêtes *chevalines, à cornes et porchines,* dans la pièce des Usages, et ils ne demeu-
raient en la seigneurie de Saint-Christophe que pour jouir de ces droits.
Si on les en privait, ils se verraient obligés de quitter un pays sis au
milieu des forêts, et ne possédant que peu de terres labourables, ou bien
de mendier, le tout à leur grand détriment et à celui du prieur. Leurs
plaintes furent entendues cette fois, et une nouvelle transaction fut
signée entre eux et Louis le Clerc, successeur de Robert Chesneau. Elle
leur accordait la jouissance de quarante arpents sur les cent réservés au
prieur par la transaction précédente, lui délaissant le reste.

L'acte fut signé le 21 mars 1575, et ratifié le 11 juin par Philippe de

---

[1] Aff., t. X, p. 5569.

Lenoncourt, conseiller privé du roi et prieur de la Charité-sur-Loire.

Robert Chesneau n'eut pas le même succès dans le procès que lui intenta en 1573 le curé de Balagny-sur-Onette, mais il eut du moins la douce consolation d'être condamné en bonne compagnie. Victor Barbelat, curé de Balagny, bachelier en décret de l'Université de Paris, attaqua par devant Martin Séguier, licencié en droit civil, doyen de Notre-Dame *in valle* à Agendicum, au diocèse de Sens, et vicaire du cardinal Antoine de Bourbon, évêque et comte de Beauvais, comme conservateur des priviléges de l'Université, les doyens et chapitres de Notre-Dame et Saint-Rieule, et les prieurs et couvents de Saint-Leu-d'Esserent et de Saint-Christophe, gros décimateurs de sa paroisse. Il se plaignait de ce que ceux-ci percevaient toutes les dîmes menues et grosses de Ballagny, même sur les terres qui lui appartenaient en propre, et le privaient ainsi contre toute justice, des ressources qui seules pouvaient l'aider à payer les dîmes, à faire l'aumône à ses paroissiens pauvres, et à fournir au traitement des vicaires qui le remplaçaient pendant son absence. Il réclamait donc contre les coupables un arrêt qui les condamnât à lui payer la *portion congrue* et à lui rendre pour cela au moins la moitié du revenu, qui s'élevait environ à 20 muids de grain, moitié blé, moitié avoine, et demandait en outre l'exemption de toute dîme pour ses biens propres.

Après examen des droits réciproques des parties, et la légitimité de la plainte reconnue, le chapitre de Saint-Rieule consentit à payer le quart de son revenu, soit deux mines et demie de grain, Notre-Dame six mines, Saint-Leu le quart également, et Saint-Christophe, après avoir invoqué certains priviléges d'exemption, paya un muids de blé méteil.

Il est bon d'ajouter que si les gros décimateurs avaient le bénéfice des revenus de l'Eglise, ils en avaient aussi les charges. Ainsi pour le chœur de Ballagny, ou l'autel, selon l'expression consacrée, le prieur de Saint-Christophe payait la moitié des réparations, et pour

VIII

l'autre moitié le prieur de Saint-Leu en payait 1 7, le chapitre de Notre-Dame 4/7, et le chapitre de Saint-Rieul 2 7. La nef et le clocher appartenaient aux habitants qui devaient les entretenir, et il en était ainsi dans presque toutes les paroisses. Quelquefois pourtant, lorsque le clocher était bâti à l'entrée du chœur et en faisait partie, le gros décimateur en avait la charge et le bénéfice.

LOUIS LE CLERC

Loys le Clerc, conseiller et aumônier ordinaire du Roi, succéda en 1575 à Robert Chesneau Afforty nous a conservé la formule du serment qu'il prêta au pape Grégoire XIII, et qui sans doute était généralement employée à cette époque. Elle est intéressante à consulter à plus d'un point de vue [1].

Le 8 juillet il réclamait par devant Christophe d'Aleigre, bailli de Senlis, la moitié des novales de Lagny-le-Sec, que lui refusait le curé, et le 11 février suivant, le bailli rendait une sentence favorable au prieur [2].

La France était alors épuisée par la guerre, ou plutôt, Henri III avait besoin de beaucoup d'argent pour contenter ses caprices et ceux de ses mignons, car il avait peu de souci des souffrances du peuple; mais la première raison avait été mise en avant pour obtenir du pape l'autorisation de faire vendre une certaine quantité de biens de main-morte, et Grégoire XIII avait permis l'aliénation jusqu'à concurrence d'une somme de 50,000 écus d'or de rente.

Les cardinaux de Bourbon, de Guise et d'Este, Antoine Marie Salviati, évêque de Saint-Papoul, nonce du pape, et le coadjuteur de Paris, P. de Gondy, avaient été nommés commissaires par le Souverain Pontife pour la répartition de cette lourde charge sur les établissements

---

[1] T. X, 5282. Voir appendice.
[2] Ibid., 5464.

religieux de France. La quote part du prieuré et du bénéficier avait
été fixée à huit écus de rente, « revenant, au denier 24, à neuf vingt
« douze écus, lesquels réduits à livres à raison de soixante et cinq
« sols pièce, montent à la somme de six cent vingt quatre livres
« tournois [1]. »

Le prieur déclara par devant les commissaires que « il ne aurait en
« son prieuré chose moins commode, et dont la vente fut moins dom-
« mageable audit prieuré que une maison, cour, estable, cave, jardin,
« lieu et pourpris ainsi qu'il se comporte, appelée lhotel de Saint—
« Christophe....., assise en cette ville de Senlis, rue du Chat-Heret. »

L'hôtel fut mis en vente sur la mise à prix de 950 livres, et à
l'extinction de la 3ᵉ..... chandelle, dite *chandelle de doublement*, il fut
adjugé à Mᵉ Martin Poullet, prévot général des maréchaux de l'Ile de
France, moyennant 1056 livres tournois de principal, 26 livres 8 sols
de frais, et 56 sous parisis de rente à la communauté de huit curés,
dont la propriété était grevée. Les 432 livres d'excédant furent placées
en rente au denier 12, devant produire 36 livres au profit du prieuré.

En 1584, Louis le Clerc donna à bail pour 9 ans « à Jean Debonnaire, laboureur à Barbery, 32 à 33 arpents de terre labourables, sises
au terroir de Villemestrie, Mont-l'Evêque et es environs en plusieurs
trieges en quinze pièces... » [2]. Ces mêmes terres seront louées 220
livres tournois en 1688 et 250 livres, plus dix septiers d'avoine en
1734.

Louis le Clerc eut peu de temps après (1587), la douleur de perdre
son frère, le Président. Il reçut à cette occasion deux lettres de
condoléance, l'une en prose, l'autre en vers, d'un de ses amis, qui
paraît avoir été aussi l'ami du défunt. Au moins l'affirme-t-il dans un style
ampoulé, à travers lequel perce la prétention de faire montre d'érudition beaucoup plus qu'une sincère douleur. Il trouve moyen de citer

---

[1] Ibid., 5257.
[2] P. 5267. Pièce fort intéressante à cause des lieux-dits.

Platon et Saint-Jérôme pour prouver la violence de sa peine, et le besoin qu'il a de l'épancher dans le cœur de son ami :

> .... Strangulat internus dolor
> Expletur lachrymis egeriturque dolor.

Le défunt y est comblé de magnifiques éloges, et M. Claudius Minos n'en est pas moins prodigue pour notre prieur [1].

Quelques titres relatifs aux dîmes de Lagny-le-Sec, de Cinqueux, Brenouille, Laigneville, ou aux usages des habitants de Saint-Christophe, sont les seuls documents qui nous restent sur l'administration de Louis le Clerc. Il mourut en 1597, et Jean Cretté, clerc du diocèse de Paris, reçut le 22 décembre ses provisions pour le prieuré.

JEAN CRETTÉ

Le 2 janvier suivant, Claude Loisel, lieutenant-général du Bailliage

---

[1] P. 5282-3. Voici l'épître en vers.

> Ornatissimo viro D. Clerico, Divi Christophori ad Silvanectum
>   Antistiti meritissimo, salutem.
> Non quod laudari cupiam, sine teste dolere
>   Vix possum, at veris utor ego lachrymis.
> Ex animo certe doleo, nam lumine cassum
>   Janum (lisez Jean!!), præsidium dulce decusque meum.
> Ille tuus, meus ille fuit, sic orbus uterque
>   Nostrum, immo patria (?) est orba parente suo.
> Ipse tui testis, nostri simul esse doloris
>   Conciperes, ut quamvis hoc ego teste queam.
> Ecquid opus verbis? nam si vel amicus amico
>   Teste dolet, vere legitimeque dolet.
> Strangulat inclusus dolor, aut nihil proficit, ergo
>   Serio qui doleat vix sine teste dolet.
> Secum una luget vel qui cum luget amico
>   Et nihil occulti verus amicus habet.
> Ut doleam, nolim laudari protinus, at tu
>   Ut me teste doles, hic mihi testis eris.
> Nec solus doluisse satis nec ut soler inertem
>   Nec nisi fallor adhuc te sine teste queo.
>   Tuus jure nexus et mancipi,
>
>   CLAUDIUS MINOS.

de Senlis, se transportait au prieuré à la requête de Nicolas le Clerc, président des requêtes du Palais, et de Magdelaine le Clerc, veuve de Nicolas le Hardy, sieur de la Trousse, frère et sœur du défunt, pour y apposer les scellés, et faire l'inventaire de la succession. Mais en arrivant il trouva la porte fermée. Claude Cain, lieutenant du Connétable, l'occupait avec quatre archers, et lui exhiba sur sa requête une commission du connétable ainsi conçue :

Nous Henry, duc de Montmorency, pair et connestable de France, enjoignons et très expressément commandons au lieutenant de la connestablie, se transporter exprès au prieuré de Saint-Christophe près Senlis, et là estant, semparer du lieu avec nombre d'archers quil verra bon estre, affin que la force nous demeure, et nen bouger jusquà ce quils seront par nous commandés den sortir. De ce faire luy donnons tout pouvoir et puissance, enjoignant à tous justiciers et officiers de luy prester main forte et ayde si besoin est. Donné et fait sous notre seing, contresigné par lun de nos secrétaires le vingt-huitième jour de décembre 1597. Signé de Montmorency.

Et plus bas,

Par commandement de Monseigneur,

DE MANDATO.

L'ordre était clair. Je ne sais de quel côté était le droit, mais certainement la force se trouva du côté de Monseigneur le Connétable. On voit que le fameux axiôme si bien mis en pratique en 1870 dans notre malheureux pays n'est pas tout à fait neuf, au moins dans la pratique. Il y avait donc conflit à Saint-Christophe. Quelle en était la cause ? Je ne sais trop, mais je trouve parmi les signatures de ceux qui assistèrent à la discussion, celle de Sébastien le Hardy, sieur de la Trousse, qui semble avoir assisté à l'inventaire fait par Claude Cain au nom du Connétable, et je crains que Sébastien n'ait voulu épargner à sa mère la peine de recueillir l'héritage du défunt. Le Lieutenant-Général, ne se trouvant pas sans doute en force, consentit à signer le procès-verbal d'inventaire fait par le lieutenant du Connétable et le Procureur du Roi. Je ne sais comment se termina l'affaire.

L'usage était alors de distribuer en aumônes pendant un certain temps, à la mort du prieur, la valeur de trois mines de blé par semaine, ce que voyant Claude Loisel, il ordonna qu'on se conformât à l'usage et qu'on distribuât chaque semaine.... deux mines de blé converti en pain. On voit que c'était un homme pratique, et qui entendait l'économie même au profit des autres et aux dépens des pauvres.

Le procureur de Jean Cretté, successeur de Louis le Clerc, Gabriel le Bon, avait pris possession du prieuré le 23 décembre 1597, et une seconde fois le 31 décembre, en présence de plusieurs habitants de Saint-Christophe. Le 15 janvier suivant, ses bulles étaient fulminées par Claude le Court, chanoine et official de Paris, et le 9 février il prenait possession une troisième fois par le même procureur. Le 16 septembre il obtenait une mainlevée pour le bois du Fief; et pourtant, nous trouvons en 1598 et 1599 des procédures entre René Prédeseigle, religieux profès de l'ordre de Saint-Benoît, et M. Claude de Corbilly, tous deux se disant prieurs de Saint-Christophe, le premier tenant la place de feu M. André Maillart, conseiller du Roi. Claude de Corbilly signe même comme prieur le 7 juin 1599 un bail des dîmes de Balagny, moyennant quatre muids de grain, par devant les notaires au Chatelet, et le 18 juillet, il présente à l'évêque de Beauvais, M. Jacques Bidet, pour la cure de Fleurines, en remplacement de Claude le Riche, qui résignait sa charge. Et puis, en 1600, c'est Jean le Clerc qui est en possession du prieuré. Quelle fut la cause de toutes ces compétitions, comment cessèrent-elles? je ne saurais le dire, mais on en pourrait trouver l'explication dans la malheureuse situation de la France à la fin du XVIe siècle.

JEAN LE CLERC

En 1602, le nouveau prieur était en procès avec Jean Marcellot, religieux et secrétain du couvent, d'abord pour trois mines de blé et avoine à prendre sur certaines terres dont Jean le Clerc avait la jouissance, et qu'il avait oublié de payer au prieuré, et en second lieu au sujet du vin que le sous-prieur de la Charité-sur-Loire avait assigné au secrétain *pour son vivre*. Le vin, parait-il, était cher en ces années 1601 et 1602, et le prieur avait refusé à Marcellot de lui délivrer tout ce qui lui était dû, « dont seroit resté à lui en payer pour trois mois, desquels ne pouvant avoir délivrance, il auroit été contraint en acheter au prix quil valloit lors et néantmoins depuis été contraint faire appeler ledit prieur le 19 juillet 1603 afin de se voir condamner lui payer un muid de reste de l'année 1601 et deux muids de l'année 1602 selon la juste valeur du temps quil étoit dû, et après bien des procédures, le 28 octobre 1603, voyant le vin estre à bon prix, il luy en aurait fait bailler deux muids, et en février ensuivant un autre muid quil avoit été contraint de recevoir pour la nécessité ou il estait, sans préjudice de la plus value dudit vin [1] ».

Le vin, en effet, était alors à un prix relativement élevé, si on tient compte de la valeur comparative de l'argent à cette époque et à la nôtre, et de l'abondance des vignes à Senlis et aux environs. On en distinguait trois qualités : le bon, le moyen et le petit. Le bon vin du pays [2] se vendait en 1602 et 1603, de 28 à 36 livres le muids ; le moyen, de 27 à 32 livres, et le petit, de 24 à 28. Il y avait marché au vin tous les samedis.

En 1601, le sage Sully n'avait pas encore pu guérir toutes les plaies faites au Trésor public et au pauvre peuple de France par les longues guerres et les dilapidations passées, et les biens ecclésiastiques furent encore grevés de charges extraordinaires. Jean le Clerc vendit pour payer sa quote-part quelques terres du prieuré, mais elles ne sont pas

---

[1] Afforty, T. X, 5269.
[2] Ibid. 5270. Extrait des registres des rapports de la valeur du vin vendu au marché accoutumé audit Senlis.

   1602, Saint-Martin. Du samedi 16 novembre 1602. Le bon vin, 30 l.; le moyen, 27 l.; le petit, 24 l.

   1603. Du samedi 15 mars. Le bon vin, 36 l.; le moyen, 32 l.; le petit, 24 l.

   Du samedi 14 juin, audit an. Le bon vin du pays, 36 l.; le moyen, 30 l.; le petit, 26 l.

   Du samedi 24 mai, audit an. Le bon vin, 34 l.; le moyen, 32 l.; le petit, 29 l.

désignées. Les grands seigneurs avaient bien offert un moyen pour aider la France à sortir de la détresse où elle se trouvait; ils s'engageaient à donner tout l'argent nécessaire au gouvernement et à l'entretien de l'armée, mais il y avait une condition : « Le roi trouverait bon que ceux qui avaient des gouvernements par commission, les pussent posséder en propriété, en les reconnaissant de la couronne par simple hommage–lige, chose qui s'était autrefois pratiquée. » C'était reculer de plusieurs siècles en arrière. Le clergé, ce *terrible accapareur*, était plus accommodant, et si on faisait le total des contributions de guerre qu'il fournit ainsi pendant un ou deux siècles, on arriverait à un chiffre assez rond. Ce serait une réponse intéressante à fournir aux déclamations de ces aimables réformateurs sociaux, de ces journalistes à l'encre rouge, qui font dater la France des beaux jours de la Convention, et qui sont intarissables sur le chapitre du clergé, de son avidité, des biens de main–morte, etc., etc. Si l'avenir veut bien se prêter à leurs bons désirs de réforme, et leur donner pour quelque temps ce pouvoir auquel ils aspirent avec une si âpre impatience, ils tiendront peu de compte de tous ces sacrifices, et leur plus grand bonheur sera d'ôter au clergé la maigre pension que l'Etat lui sert en compensation des biens confisqués par leurs célèbres devanciers. On sait assez comment ils entendent la justice, et aussi quel mépris ils professent pour le *vil métal*.

Les novales de Lagny–le–Sec rapportaient alors au prieur 36 livres tournois, deux agneaux et deux cochons de lait.

Il nous faut maintenant reprendre l'histoire des luttes du prieuré contre la commanderie de Lagny, que nous avons laissée à l'administration d'Antoine Parent. Elles furent plus ardentes que jamais à cette époque, et surtout pendant les guerres de la Ligue, qui pesèrent si lourdement sur Senlis et ses environs.

Déjà en 1566, Louis Parent avait fait saisir les juments du fermier de la Commanderie pour les vendre. Il ne pouvait se faire payer par les chevaliers, et le commandeur, frère Phillibert Luillier, avait encore l'audace de lui demander des témoignages écrits de l'existence de la edevance. Philippe Loisel, seigneur d'Exonviller, lieutenant du bailliage, autorisa la vente, et chargea le premier sergent à cheval, de l'exécution de cette sentence, sauf le recours du commandeur.

Celui–ci se tint sans doute pour dûment condamné, car il signa une transaction avec Robert Chesneau, et s'engagea pour lui et ses successeurs à faire payer les cinquante muids de grain, et je trouve ensuite une 'quittance donnée en 1579 par Louis le Clerc à Antoine de la Rue, receveur et administrateur de la commanderie de Lagny.

La quittance déclare que « de laditte quantité de 50 muids de grain ledit sieur Prieur *c'est* tenu pour *comptant* et bien payé, et en a quitté et quitte ledit de la Rue... »

Mais dix ans plus tard, les choses se passaient autrement. Louis le Clerc était entré dans la Ligue, et il en était puni. Le 10 octobre 1589, par ordre de M. de Thoré, lieutenant pour le roi au gouvernement de l'Isle-de-France, Foullon, sergent royal, faisait saisir ès–mains de François le Roy, receveur comptable de la commanderie, les cinquante muids de grain dus au prieur, lui défendait de lui en rien livrer, et l'assignait par devant le Bailli de Senlis pour le mardi suivant. Et la saisie, sur la demande du Commandeur Louis de Maillac de Saquenville, était signifiée à Louis le Clercq « a ce qu'il n'en prétende cause d'ignorance, et ait à la faire lever... » [1]

Le 9 novembre suivant « les commissaires depputez par le roy en la généralité de Paris sur la saisie et réunion des immeubles, vente des fruits et revenus diceulx et des meubles de ceux de la Ligue, ennemis et rebelles de sa Majesté, » apprenant que le receveur refuse et *delaye* de bailler, mener et faire conduire au bourg de Dammartin les grains du prieur, ordonnent qu'il soit contraint par emprisonnement de sa personne.

François le Roy répond hardiment que les grains ne sont pas encore échus et que, par suite, il ne peut les livrer, ce qui était exact, puisque

---

[1] Afforty, t. X, 5470-72.

le terme était le 2 février, fête de la Chandeleur. Mais sa réponse est considérée comme un refus et il est mis en prison et « baillé en garde de par le roy à Saincturion de la Montaigne, soldat au chasteau de Dammartin. »

Tout cela est signifié au prieur, et le 12 décembre, Loys de Maillac de Sacquenville, commandeur de Lagny, lui fait en outre savoir par huissier, que Florent Bouchel, commis au château de Dammartin, a fait battre dix muids de grains de la commanderie sur ce qui était dû au prieuré, et l'a fait transporter à Dammartin.

Cependant, Louis le Clerc, peu satisfait de toutes ces sentences et de la saisie de ses revenus et soupçonnant quelques mensonges dans les récits du receveur, fait rédiger un mémoire dans lequel il insinue que les « debteurs sont très aises de se prévaloir de la misère du temps pour s'enrichir aux dépens de ceux auxquels ils sont redevables. Un nommé François le Roy, ajoute-t-il, qui se dit receveur de la commanderie, lui a fait signifier la saisie des grains par ordre de M. de Thoré. Mais il a bien pu donner cet avis à Senlis pour participer au butin. Il aurait fallu au moins réserver, sur les 50 muids, 21 septiers de blé et 11 septiers d'avoine, que le prieur doit au curé de Lagny pour sa portion congrue. » En outre, François le Roy a déclaré devoir au jour de la Chandeleur, 16 muids 8 septiers de blé et autant d'avoine et s'est fait condamner à les porter à Senlis sous quinzaine, encore que la commanderie doive les livrer à Lagny même; et M. de Verrines qui est venu signifier tout cela au prieur « a establi ce bon receveur, homme de paille et de peu, en la perception de Lagny-le-Secq, pour au nom d'icelluy et comme ayant toujours été son serviteur domestique » exercer ses droits de fermier sur les revenus de la commanderie.

Or, paraît-il, les grains en question était pour le moment la seule ressource du prieuré, tous les autres grains et revenus ayant été emportés et ruinés par un nommé la Grevache. Louis le Clerc envoie donc un homme à Senlis pour qu'on lui laisse au moins ce qui est nécessaire pour continuer le *divin service* au prieuré.

Sur quoi on lui répond qu'il peut aisément jouir de tout son revenu sans la permission des gens du roi, puisque monseigneur de Nemours assiége le château de Dammartin et vient de s'en rendre maître, et qu'il pourra même l'aider de ses forces pour aller enlever tous ses grains.

Il écrit donc au receveur pour lui demander livraison de sa dîme. Mais « à telle lettre, ce François le Roy fit le sourd, et eut été marry de perdre sa proye quil avait longtemps poursuivi sans en tirer proffit, mais dit seulement de bouche au messager quil avait jà fourny et auparavant la reddition dudit chateau, 12 muids de blé, mesure de Paris, qui avaient été baillés par lui en la décharge dudit prieur et suivant la sentence quil lui avoit auparavant fait signiffier, et quant au reste du grain, quil estoit content lui payer, pourveu quil allast sur les lieux. De telle réponce ledit prieur sestant allé plaindre audit sieur de Verrines qui est le maistre de ce bon receveur, et le pensant esmouvoir en quelque honnesteté, dautant qu'il ne se pouvait faire exécuter, à raison de ce que le terme de la Chandeleur nestoit encores eschu, se trouve bientost salué de deux sentences que ce beau receveur envoya par ledit sieur de Verrines. » Il apprend ensuite que lesdits muids de grain qu'on lui avait dit avoir été battus par Florent Bouchel et portés à Dammartin avaient été bel et bien livrés à Senlis par François le Roy, et qu'ayant voulu, à l'approche de l'armée de la Ligue, en emporter huit muids à Dammartin, il avait été rencontré par les soldats qui avaient arrêté les charretiers, et pris environ cinq muids de grain, de sorte qu'il n'en avait porté que trois à Dammartin. De plus, le grain qu'il avait livré et emporté avait été pris dans la grange de la commanderie, tandis qu'on payait ordinairement le prieur avec la redevance des fermiers...

Malheureusement, la suite de cette curieuse lutte n'a pas été recueillie par Afforty, et il n'est pas possible de savoir à qui resta la victoire. Il est probable pourtant que ni le prieur ni les moines ne moururent de faim, comme ils menaçaient de le faire si on ne les mettait pas en possession de leur revenu. Seulement, le bon chanoine nous apprend qu'en 1592 et 1593, Nicolas le Clerc, conseiller au Parlement, reçut du roi les revenus du prieuré, parce que Louis le Clerc, son cousin, tenait le parti de la Ligue. Cela ne sortait pas de la famille. Plus tard, Nicolas fut le procureur et vicaire général de Jean le Clerc, neveu de Louis et son successeur, ce qui permet de supposer qu'il se conduisit dans cette circonstance en bon cousin.

C'est lui qui, à titre de vicaire du prieur, présente à l'évêque de Beauvais Mᵉ Jean Boulogne, pour la cure de Fleurines, en remplacement de Mᵉ Jean Hennique, démissionnaire (1603); lui encore qui reçoit au lieu et place du prieur les foi et hommage de Baltazard le Bel, écuyer, seigneur de Saint-Pierre, pour son fief de Saint-Pierre, dit de Moyvinet, qu'il avait hérité de Louis le Bel et de Magdelaine de Vinnet, ses père et mère [1]. Ce fief consistait en quatre ou cinq livres de menus cens, une mine de bled froment et trois chapons dus par *plusieurs* particuliers, avec tous droits seigneuriaux [2]. C'était une portion du fief de Saint-Pierre, vendu en 1575 par Louis Parent, comme nous l'avons dit en son lieu. Philippe le Bel, héritier de Baltazard, vendit plus tard ce fief qui, en 1668, appartenait à Henri de La Mothe Houdancourt, archevêque d'Auch.

THOMAS LE LARGE

A Jean le Clerc, succéda Thomas le Large, prêtre, docteur en droit. Il était en possession au commencement de l'année 1619, mais je ne sais depuis combien de temps. Le 4 septembre 1626, il présentait Mᵉ Pierre Hénault à la cure de Fleurines, vacante par le décès de Mᵉ Jean Danbin,

---

[1] Afforty dit à ce sujet, p. 5251 : NOTA. — Qu'il est vraysemblable que le fief de Moivinet a esté ainsy appelé à cause de Dᴵˡᵉ Magdelaine de Vinnet, femme de Louis le Bel, premier acquéreur dudit fief.

[2] C'est avec raison que l'acte dit plusieurs, car le détail des cens qu'on trouve à la suite indique par exemple : Un demy chapon sur un demy quartier..... trois quart de chapon sur un demy quartier à faire chanvre..... vingt-trois deniers et deux chapons sur une maison.....

et comme l'évêque de Beauvais ne voulait pas le nommer, il lui faisait conférer ses pouvoirs par l'archevêque de Reims ¹. Il donna sa démission peu de mois après.

ANTOINE DE BOUILLON

Le 20 mars 1627, Antoine de Bouillon obtenait du pape Urbain VIII des bulles de provision pour le prieuré, mais il n'avait pas alors 20 ans, et sa prise de possession fut déclaré nulle. Le 3 juillet, il obtenait des bulles de *perinde valere* et il prenait de nouveau possession le 12 octobre suivant en présence de Dom François le Tannois, sacristain du prieuré, de Mᵉ Adam Vallery, curé de Fleurines, de Mᵉ Pierre Gaste, prêtre habitué audit Saint–Christophe, et de Mᵉ Louis Vaudart, lieutenant ès–eaux et forêts au bailliage de Senlis. Antoine de Bouillon fut environ 36 ans commendataire de Saint-Christophe. Il portait comme ses pré- décesseurs le titre de conseiller et aumônier ordinaire du roi. Les premiers actes de son administration sont peu importants. Ce sont des baux, des locations, etc. En 1637, il vendait à Denys Penon, marchand à Pont– Sainte-Maxence, 60 arpents de bois taillis, « qui sont les usages dudit Saint-Christophe » moyennant 3600 livres tournois, à raison de 60 livres l'arpent, et 200 bottes de *chalats de quartier* rendus en la vigne dudit prieur. Il s'agit évidemment de la coupe du bois, le fonds ne pouvant être aliéné ².

L'année suivante un édit du roi convoqua devant Mᵉ Nicolas Merault, conseiller à la cour des comptes, « tous les seigneurs fonciers et tres- fonciers de la forêt de Hallatte pour prendre connaissance du partage des bois de la dite forêt sujets aux droits de gruerie et grairie ³ ». Antoine de

---

¹ 5586.
² 5575.
³ Gravaria, graverie, grairie, tribut, impôt, exaction (Maigne d'Arnis). M. Littré n'a pas pris la peine d'expliquer ce mot ; il renvoie simplement à gruerie, laissant croire que les deux mots ont le même sens, et pourtant il cite des exemples qui lui donnent tort : « droit de verderie, gruerie et grairie. »

Bouillon comparait avec son procureur Jacques Bataille, et déclare que
« depuis l'assignation à luy donnée il a fait recherche exacte des titres
concernans la propriété des bois dépendans du prieuré, et nen a pu
trouver aucun, pour être iceux perdus et adherez (?), ledit bénéfice ayant
vacqué par mort, par ses prédécesseurs, ès mains des héritiers desquels
on na pu recouvrer lesdits titres. » Dans une requête au Grand Maître
des eaux et forêts, il indique une autre raison. Les armées ennemies ont
traversé la Picardie, et à leur approche on a transporté les titres à Senlis
et à Paris où il n'a pu les retrouver.

Mais il déclare qu'il est en possession d'environ 600 arpents de bois
en trois pièces, qui sont soumis au droit de gruerie, et doivent au roi le
tiers et vingtième, mais sur lesdits bois il a droit à 35 cordes de bois
pour son chauffage, et huit arpents de taillis, il a aussi droit de justice
et droit d'usage. Il ne veut pas s'opposer à l'édit du roi, et consentira
au partage décrété, mais il réserve pourtant son droit de justice sur une
pièce de 22 arpents, dite le Fief de Saint-Christophe, sur 60 arpents
de bois taillis appelés les Usages de Saint-Christophe, et sur quatre
arpents appelés le Buisson Jacqueline, tous bois qui n'ont jamais
payé aucun droit, et dont le prieur dispose sans aucune permission.

La première pièce mesurée par les arpenteurs jurés, se trouva
contenir à 20 pieds la perche, et 100 perches l'arpent, 491 arpents.
Elle s'appelait la grande pièce de Saint-Christophe.

La deuxième pièce, appelée le Buisson de Paris, contenait 102
arpents 85 perches, et la troisième appelée le bois de l'Epine Servelot
et la Pierre qui Corne, 215 arpents [1].

Le 9 juin 1646, Antoine de Bouillon signe avec Jean Hérambourt,
curé de Fleurines, une transaction par laquelle il est maintenu dans
tous ses droits de dîme grosse et menue et novales à la condition de
payer au curé 280 livres de rente annuelle, et de laisser franches de

---

[1] 5581-3.

toutes dîmes, cens et surcens toutes les terres du curé, ainsi que le presbytère [1].

L'année suivante il reçut les foi et hommage de Philippe le Bel pour le fief de Saint-Pierre.

Je trouve à la date du 1ᵉʳ février 1656, un résumé d'arrêt ainsi conçu : « Arrest du Grand Conseil entre M. Antoine de Bouillon, conseiller, aumosnier du Roy, prieur de Saint-Christophe, et dom Charles Deslandes, prestre religieux profés de l'Ordre de Cluny, sacristain dudit Saint-Christophe, qui condamne ce dernier à rapporter les reliques, ornements et linges de la sacristie, qui en ont été ôté avant les mouvements et troubles, et l'oblige à résider audit prieuré. » Antoine de Bouillon louait à cette époque tous les biens, revenus et droits du prieuré de Saint-Christophe et Fleurines, moyennant 1350 livres par an. Il réservait seulement l'hôtel seigneurial avec ses dépendances, 6 douzaines de pigeonneaux par an, livrables pendant son séjour à Saint-Christophe, la nourriture de deux petits chiens de chasse, la place pour quelques vaches, destinées à l'entretien de son portier, 60 mines de grain, dont 42 pour les pauvres, 12 pour le sacristain et 6 pour le chapelain, et quelques autres menues redevances. Mais la question des pigeonneaux avait, paraît-il, une importance particulière. Ils devaient être déposés par le fermier dans le pigeonnier du prieur, et ce pigeonnier fermait à deux clefs, dont l'une restait à l'hôtel, et l'autre entre les mains du fermier, et toutes les précautions étaient prises pour qu'ils ne pussent lui être soustraits.

Le prieur possédait d'ailleurs à Saint-Christophe quelques biens qu'il avait hérités de son oncle et partagés avec son frère, Jean de Bouillon, avocat au Parlement. Celui-ci était propriétaire du moulin à vent, où chacun devait aller moudre. Ce moulin, qui tombait en ruines, fut rasé quelques années plus tard. Antoine mourut en 1662, et ses héritiers,

[1] 5587-8.

Louis de Bouillon, chirurgien juré à Vendy, Charles de Bouillon, marchand bourgeois de Nancy, et Remy Huard, curé de Saint-Rieule, vendirent ses propriétés de Fleurines, le 2 juillet 1669, à Michel de la Rocque, bourgeois de Paris, pour 400 livres [1].

GUILLAUME MARTINEAU

Un jeune clerc du diocèse de Paris, Pierre-Guillaume Martineau, confirmé et tonsuré le 10 décembre 1651, par Mre Edouard Molé, évêque de Bayeux, en la chapelle des Dames de l'*Ave Maria*, à l'âge de 10 ans et demi, obtint le 13 janvier 1663 une bulle du pape Alexandre VII, pour le prieuré, et une seconde le 26 janvier suivant. Cependant, le 3 janvier, le prieur de la Charité-sur-Loire, Pierre Payen, avait accordé des provisions pour le même prieuré à Albert Buzenot, religieux de son Ordre, et prieur de Juilly.

Celui-ci, le 27 janvier, consentit à résigner sa charge en faveur de Guillaume Martineau, à la réserve de « la somme de 600 livres de « pension viagère et annuelle sur les fruits et revenus dudit prieuré, « exempte de touttes charges ordinaires et extraordinaires. » Le jeune clerc, accepta la condition, quoique un peu onéreuse, et le même jour, 27 janvier, « dom Sébastien le Maire, prieur de Notre-Dame de « Joigny, prenait possession en son nom, à Paris, en présence de dom « Charles Deslandes, prêtre religieux, sacristain dudit Saint-Chris- « tophe, y demeurant, de Mr Albin de Montreul, prêtre chappelain « dudit prieuré, Mr Louis Duruel [2], prestre curé de Fleurines, noble

---

[1] T. X, 5504.

[2] Louis Duruel est l'auteur d'une histoire manuscrite du diocèse de Senlis, énorme volume in-folio, plein de curieux renseignements, et qui a dû coûter de longues recherches à son auteur. On peut reprocher à M. Duruel d'avoir fait un peu l'histoire du monde catholique en même temps que l'histoire des évêques de Senlis, et de n'avoir pas toujours été assez sévère dans le choix de ses documents; mais il efface sans peine le fatras du bon Jaulnay.

« homme Jacques Cherrier, prieur de Saint-Paul-lès-Bourges, Gabriel
« de la Grange, clerc dudit prieuré. »

Cependant des difficultés étaient survenues en cour de Rome, et
la fulmination des bulles fut faite seulement le 1er octobre suivant par
Claude Thévenin, licencié en droit, chantre en dignité, chanoine et
official de l'Église de Paris, commissaire du pape en cette partie.

La prise de possession définitive eut lieu le lendemain 2 octobre,
en présence de Charles Deslandes, prêtre sacristain du prieuré, et de
Charles Lescourette, lieutenant de la justice dudit lieu.

Guillaume Martineau, chevalier, seigneur de Brétignolles, avait
alors 22 ans et demi; son père, Pierre Martineau, était membre du
Grand Conseil; sa mère se nommait Françoise de Bordeaux. Tonsuré à 10 ans et demi, il obtenait à 13 ans le prieuré de Saint-Pierre
et Saint-Paul de Bony, au diocèse d'Auxerre. C'était aussi un prieuré
de l'Ordre de Cluny, et le jeune Guillaume avait, dit-on, exprimé dès
l'âge de 10 ans, le désir de prendre l'habit de cet ordre et d'y faire
ses vœux. C'était une vocation bien précoce et qui peut-être aurait
demandé un examen plus mûr; mais la commende, si elle n'était pas
une lourde charge, présentait, en retour, de sérieux avantages pécuniaires, et un jeune cadet de famille, un peu encouragé par de sages
parents, se sentait de bonne heure la vocation facile de toucher ces
gros revenus. Le monde d'ailleurs se montrait bienveillant pour ces
jeunes clercs, et le cloître les voyait moins souvent que les salons
dorés. Un petit article bien bref inséré par le bon chanoine Afforty [1],
nous apprend même que plus tard, Guillaume Martineau obtint la
faveur d'être relevé de ses vœux, et de contracter mariage.

En 1675, la Table de marbre rendit un arrêt faisant défense au
prieur d'autoriser les tuiliers à tirer des terres dans le bois des Usages.
La fabrication des tuiles était alors florissante à Fleurines et elle l'est
encore aujourd'hui, mais les tuiliers n'apportaient pas toute la modé-

---

[1] T. X, 5504

x

ration désirable dans l'extraction de la terre à tuile , et causèrent un dommage sérieux au bois. Le gruyer chargé de veiller aux intérêts généraux, mis d'ailleurs en éveil par les plaintes de quelques habitants, avait dressé procès, et le tribunal suprême condamna le prieur et les tuiliers à payer un tiers du prix du procès, les deux autres tiers restant à la charge des habitants et du procureur du Roi. En même temps, il décharge les tuiliers de la redevance qu'ils devaient au prieur, de ce chef. L'arrêt statue en outre qu'un canton de dix arpents sera désigné d'après le rapport des experts, dans l'endroit le plus commode, pour l'extraction de la terre à faire briques, tuiles et carreaux, et que cette terre sera vendue aux enchères par devant la porte de l'église de Fleurines. Le prix de la vente sera mis entre les mains du procureur syndic des habitants, et employé à leur profit , et de plus , les adjudicataires seront tenus de ragréer les trous qu'ils feront , en sorte qu'ils ne puissent nuire aux pâturages des bêtes à corne. Quant aux bêtes à laine, et chevalines, que les tuiliers mettaient pâturer dans ce bois des Usages, il leur sera désigné pour leur pâturage une étendue de 20 arpents dans le haut, dans la partie sablonneuse, à charge par les propriétaires des bêtes, d'enclore cet espace de fossés, de manière que les bêtes ne puissent nuire aux Usages. Le procès avait duré plusieurs années et il coûta à la commune 1200 livres d'une part, pour les deux tiers des frais, plus 1990 livres en exploits, expertises, salaires de procureurs et d'avocats, etc., et la commune pour y faire face dut engager deux coupes de bois. Puis au lieu de faire vendre les terres à la criée devant la porte de l'église, on fit un arrangement à l'amiable, et les tuiliers s'engagèrent à payer dix livres chacun par an à la *communauté des habitants*. Sur cette somme , trois étaient remises au marguillier en charge pour aider aux dépenses de la fabrique. Il devait donner 50 sols au prédicateur de la Passion et 5 sols au curé pour chanter le *Vexilla*. Quant au prieur , qui avait réclamé ses droits de seigneur justicier haut, moyen et bas sur le bois des Usages , il fut débouté de sa demande, et dût payer sa part des frais.

Louis Duruel qui avait fait le voyage de Paris pour négocier l'arrangement amiable dont nous venons de parler, au nom de ses paroissiens, mourut en cette même année, et le 26 novembre, Guillaume Martineau présentait à l'évêque de Beauvais, pour lui succéder, François Fortier, prêtre du clergé de Senlis.

Le 8 août 1673, G. Martineau concluait avec Michel de la Rocque, marchand à Fleurines, un accord par lequel ce dernier abandonnait au prieur un demi-arpent de bois venant de la succession d'Antoine de Bouillon et sis sur le bord de la Chaussée de Pontpoint, près le pas de Saint-Rieule, en échange de la permission de démolir le moulin à vent de Saint-Christophe qui tombait en ruines, et de la décharge de 10 sols de cens et 2 chapons de surcens dont ce moulin était grevé.

Cependant les chevaliers de Saint-Jean, propriétaires de Lagny-le-Sec et du Plessis-Belleville, trouvaient toujours lourde leur redevance au prieuré de Saint-Christophe, et les difficultés que faisait naître cette situation étaient fréquentes. En 1676, intervint une nouvelle transaction entre le prieur, et haut et puissant Prince Monseigneur Alphonse Louis de Lorraine, chevalier d'Harcourt, abbé de Royaumont, et commandeur de la Commanderie de Lagny-le-Secq et de Saint-Jean de Senlis. Le prieur consentit à délaisser trente-trois muids quatre septiers de grains qui lui revenaient pour son gros, contre une somme de 3400 livres. La convention fut signée pour six ans à dater de 1675. Or, il advint que l'honorable prieur, par suite de je ne sais quelles circonstances malheureuses, se trouva vers cette époque hors d'état de payer ses créanciers. Ceux-ci firent saisir d'un commun accord les revenus de la Commanderie ès mains du Chevalier d'Harcourt, et une sentence des Maîtres des Requêtes de l'Hôtel du Roi du 23 juin 1683, répartit entre eux les 5300 livres dues à cette époque par la Commanderie. On retrouve parmi eux l'ancien concurrent de Guillaume Martineau, le prieur de Juilly, dom Albert Buzenot. Il lui était dû alors 649 livres, et dans la répartition *au sol la livre,* qui fut réglée par cette sentence, il n'obtint que 230 livres, ce qui laisse supposer que le passif du prieur se montait à un chiffre assez élevé.

Un arrêt du Grand Conseil, du 4 juillet 1692, mit fin à une nouvelle contestation en confirmant l'arrêt de 1659 ¹ qui réduisit la redevance à 33 muids 4 septiers, et l'échange contre un revenu annuel de 3400 livres.

En 1693, nouvelles plaintes du commandeur : il fit faire un état des revenus et charges de la Commanderie, il établit que les revenus ne se montaient qu'à 16535 livres, dont il fallait déduire 2263 livres pour les charges, 3400 livres pour le prieuré, plus quelques autres redevances, ce qui lui laissait à peine plus de 10000 livres, et c'était bien peu de chose pour un homme de sa condition. Mais ses doléances laissèrent les juges insensibles.

Guillaume Martineau resta plusieurs années encore prieur et seigneur spirituel et temporel de Saint-Christophe; mais les quelques actes qu'Afforty a conservés ne présentent que peu d'intérêt. Ce sont des baux pour les terres de Bray, moyennant 250 livres de revenu, les foi et hommage pour le fief de Saint-Christophe à Saint-Pierre-Pontpoint, des sentences pour le cens de quelques maisons sises à Senlis, dont l'une avait été vendue par le chanoine Jean Deslyons, d'autres achetées par le prieur des Carmes déchaussés, rue de Paris, etc.

Enfin, las de ses obligations religieuses, peut-être même poussé par quelques scrupules, sa manière de vivre n'étant guères faite pour honorer la religion ni l'Ordre de Saint-Benoît, Messire Guillaume contracta mariage avec la nièce d'un docte religieux nommé Louis le Gras, après avoir résigné son Prieuré en faveur de l'oncle, l'an 1696 ou 97. Il était·

---

¹ T. X, 5480. Nota qu'avant l'arrest du Grand Conseil du 30 juin 1659, la redevance en grain du prieur de Saint-Christophe-en-Hallatte par le commandeur de Lagny-le-Secq était de *cinquante muids* mesure de Dammartin, qui font *six cents septiers*. Mais depuis cet arrest elle a été réduite à *trente-trois muids quatre septiers* moitié froment et moitié avoine qui valent *deux cents septiers* de froment et *deux cents septiers* d'avoine, ce qui se paye aujourdhuy. Afforty.

alors âgé de 56 ans environ, et portait la tonsure depuis 46 ans. Je n'ai pu trouver les conditions de cette résignation ; mais sans doute il ne les remplit pas bien exactement, ou bien ses ressources n'étaient pas encore parvenues à égaler ses dépenses, car dès le 23 décembre 1697 [1], Louis le Gras, sans pitié pour sa nièce, fait saisir une portion de ses revenus pour payer les réparations faites au Prieuré, et qui étaient restées à la charge de Martineau.

LOUIS LE GRAS

Louis le Gras, homme fort instruit, docteur en Sorbonne, était déjà avancé en âge quand il prit possession du Prieuré [2]. Il signait le 4 juillet 1698 [3] un bail de 9 ans pour le fermage des dîmes de Balagny, moyennant 150 livres par an, plus trois muids de blé, mesure de Senlis, payables au curé de Balagny, rendus en son grenier; et un autre bail pour 52 arpents de terre, sis à Bray, Brasseuse et les environs, pour 300 livres.

Le 9 septembre [4], il affermait pour neuf ans et neuf coupes, les bois taillis et les chauffages ordinaires de gros bois du Prieur, à Pierre Piétrequin, bourgeois de Paris, moyennant 1500 livres par coupe et 20 bottes de lattes. Les terres de Villemétrie, cens, surcens, lots et vente, saisines et autres droits seigneuriaux rapportaient alors 200 livres.

Le 1er septembre 1698, avait été rendu un arrêt royal ordonnant de réserver dans les bois des communautés ecclésiastiques et tous gens de main-morte, un quart pour laisser croître en futaie.

L'arrêt fut mis à exécution pour le Prieuré le 5 décembre 1702. François Séguin, seigneur de Commodelle, maître particulier des Eaux et Forêts du Baillage de Senlis, se rendit au Prieuré, accompagné du Procureur du Roi, de deux arpenteurs jurés et du Prévôt du Prieur.

[1] T. X, 5267.
[2] T. X, 5507.
[3] T. X, 5423.
[4] T. X, 5577.

Il fit une visite exacte de tous les bois appartenant au Prieuré, et qui se montaient alors à 483 arpents, ainsi répartis :

Au triage du Buisson de Paris.......	79 arpents.		
Au Chêne Brûlé....................	63	—	20 verges.
Au Buisson Jacqueline..............	2	—	28 —
Au triage de l'Epine................	2	—	1/2 4 —
Au bois de Saint-Christophe........	19	—	
A la vente Godard..................	377	—	

L'addition, il est vrai, ne donnera pas un total bien semblable à celui indiqué plus haut, quoique les sommes soient écrites en toutes lettres; mais nous ne ferons pas à M. le Maistre particulier l'injure de lui dire qu'il s'est trompé d'une soixantaine d'arpents, et nous nous contenterons d'ajouter avec lui que la réserve du quart, soit six-vingts arpens, soixante et quinze verges, fut prise dans la vente Godard, mesurée et bornée sur-le-champ par les arpenteurs jurés [1].

En 1704 [2] commence un nouveau procès qui dura trois ans entiers. La gestion des affaires du Prieuré avait été remise à Mᵉ Jacques Raymbault, avocat au parlement, et il était mort sans avoir restitué les « titres, cartulaires, terriers, baux, cueillerets et autres papiers concernant le revenu dudit Prieuré. » Louis le Gras réclama tous ces titres si importants, mais sa demande fut, paraît-il, mal accueillie, et damoiselle Magdelaine Noyal, la veuve de Jacques Raymbault, aima mieux soutenir un long procès que d'accéder à une si juste réclamation. L'affaire alla jusque devant le Grand Conseil, et un arrêt par défaut, du 4 Novembre 1707, condamne par corps la veuve Raymbault à la restitution de tous les papiers du Prieuré qu'elle a en sa possession, avec dépens, dommages et intérêts.

Nous avons mentionné en 1472 la donation faite au Prieuré par Jehan de Mauny, potier d'étain, du fief de l'Ecrevisse, situé sur la place

---

[1] T. X, 5779 81.
[2] T. X, 5271. 5503.

de l'Apport-au-Pain, et échangé ensuite. En 1703 ¹ cette maison fut
vendue, et saisie en fut donnée au nom de la commanderie de Saint-Jean,
par le sieur Laurent, chargé de procuration. Le 11 Octobre 1708, M⁺ Louis
le Gras, prieur, et dom Estienne de Montaulnay de Fontenay, *religieux
ancien de Clugny,* prêtre sacristain de Saint-Christophe, firent opposition
à la vente, et réclamèrent le revenu de 4 livres, dont 16 sols pour le prieur,
et 64 pour le couvent. En 1710, une sentence de François de Saint–Leu,
juge royal de la prévôté de Senlis, fit droit à leur opposition, et la vente fut
faite à la charge de 4 livres parisis de rente. Une autre sentence d'ordre
du 15 Janvier 1712, adjugeait l'hôtel à Jean de Bay, marchand mégissier,
moyennant 1500 livres de principal. Le sieur le Gras, prieur, « était
colloqué pour 20 livres, pour 20 années de cens et surcens, plus 125 livres
pour les » lots et ventes, » sauf recours des autres intéressés. Déjà cependant, Louis le Gras avait résigné sa charge ; mais, sans doute, ce revenu
faisait partie de sa réserve.

LOUIS DE MENOU

Le 5 Janvier 1710, ² Mʳᵉ Louis le Gras faisait donc en cour de Rome
résignation de ses Prieurés de Bony et de Saint-Christophe en Hallatte,
moyennant une pension de 3500 livres sur les fruits et revenus de Saint-
Christophe, et de 1200 livres sur ceux de Bony. Le nouveau prieur se
nommait Louis de Menou. Il était clerc du diocèse de Tours, et chanoine
de l'église collégiale de Figeac, au diocèse de Cahors. Sa bulle d'institution
est du 12 Novembre, et elle fut fulminée le 10 Avril suivant par Mʳᵉ Claude
Danse, docteur de Sorbonne, sous-chantre en dignité, chanoine et official
de Beauvais. Louis de Menou prit possession le 18 Avril en présence de
dom Jean-Baptiste Morel, prêtre religieux de l'ordre de Cluny, demeurant
au Prieuré, de Mʳᵉ Jean Watrin, prêtre, curé de Fleurines, de Jacques

---

¹ T. X, 5437.
² T. X, 5286.

Pirlot, lieutenant de la justice dudit lieu, et de Robert Poncelet, greffier de ladite justice. Le nouveau prieur venait d'ajouter à tous ses titres celui de « prévôt de l'église dite de Conques, diocèse de Rhodez, qui est la principale dignité de ladite église. » Il était bachelier en droit canon. [1]

Cependant, l'année 1709 avait été bien désastreuse pour la France ; aux malheurs et aux charges si lourdes de la guerre des Pays-Bas, qui succédait à tant d'autres guerres depuis le commencement du règne de Louis XIV, s'étaient ajoutées les rigueurs d'un hiver exceptionnellement rigoureux. Le froid avait amené la famine ; on criait aux accapareurs ; les marchés étaient peu approvisionnés, et la misère arrivée au dernier degré. Mais le trésor était pauvre, la recette des impôts mal organisée, et après avoir mis un impôt *sur l'aumône,* il fallait encore chercher d'autres expédients. On demanda un nouveau sacrifice aux gens de main-morte et chaque établissement religieux dut fournir un état de tous ses biens et revenus. Ils devaient payer au roi un dixième, sauf exemption dans certains cas. La déclaration des revenus et charges du Prieuré fut dressée le 8 Juin 1712 par devant Fromont, notaire à Paris, et adressée au greffe des Domaines des gens de main-morte du diocèse de Beauvais, pour y être enregistrée.

Les revenus du Prieuré se montaient alors environ à 6260 livres, sans compter quelques redevances en nature, et ses charges à 3437 livres, non compris les 21 septiers de grains dûs au curé de Lagny, 7 muids de grains pour le curé de Ballagny, le sacristain et les aumônes de Villemétrie, 3 cordes de bois et 500 fagots pour le chauffage du sacristain. On en peut lire le détail aux pièces justificatives [2].

Messire Adrien de la Viefville de Vignacourt, commandeur de Lagny-le-Sec, « autorisé par la régie et administration des biens et revenus

---

[1] T. X, 5505. Il obtint un peu plus tard le Prieuré de Sainte-Croix, de Château-Giron, en Bretagne, ce qui avec les revenus de sa prévôté de Conques, une des riches abbayes de France, dût le mettre à l'abri du besoin. T. X, 5508.

[2] Aff., t. X, p. 5273-6. Appendice, p. 59.

« temporels de la Commanderie, par Monseigneur le Grand-Maître de
« l'ordre Saint-Jean de Jérusalem et son Sacré Conseil, » signa, le 18 juin
1712, une transaction avec Louis de Menou, pour porter à « 3900 livres en
deniers parisis[1] », pour 6 ans, la redevance de la Commanderie, outre et non
compris le gros du curé de Lagny. C'était une compensation de 500 livres
que se procurait, dix jours après avoir remis l'état de ses revenus, notre
habile Prieur; ce qui permet de croire qu'il ne souffrit pas trop de la
rigueur des temps, et put facilement soutenir l'éclat de son rang et de
ses nombreuses dignités. La convention fut renouvelée dans les mêmes
termes le 14 janvier 1718, pour 9 ans; mais en 1727, la rente fut portée à
4500 livres.

Dans la nuit du 7 au 8 octobre 1716[2], des voleurs s'étaient introduits
dans l'église de Fleurines, et avaient enlevé le calice et la patène, le saint
ciboire, deux nappes d'autel, une serviette et plusieurs autres ornements.
Les recherches faites par le Prieur de Saint-Christophe n'avaient amené
aucun résultat. Or le Prieur, comme gros décimateur, avait la charge de
l'autel, en même temps qu'il en avait les revenus. Les habitants
s'adressèrent donc à lui pour remplacer les vases sacrés et ornements
volés. Sans doute leur demande ne trouva pas bon accueil, car le 19
décembre 1717, ils s'assemblèrent pour rédiger une demande officielle, et
le 10 janvier suivant, ils faisaient assigner le Prieur. Celui-ci, forcé de
répondre cette fois, fit évoquer l'affaire au Grand Conseil. Sur la demande
de plusieurs grandes familles religieuses, comme les Jésuites, l'Ordre de
Malte, la Congrégation de Saint-Maur, la Congrégation de Cluny, qui,
ayant de nombreuses propriétés par tout le royaume, avaient souvent des
procès à juger, le Roi avait attribué au Grand Conseil la connaissance de
toutes les affaires de ces Compagnies, afin de leur éviter de nombreux
déplacements et une perte de temps considérable. L'Ordre de Cluny avait
obtenu ce privilège par lettres patentes du 6 mars 1684, et le Prieur en

---

[1] T. X, p. 5801-5.
[2] T. X, p. 5601.

XI

usait, comme c'était son droit. Je ne sais comment se termina l'affaire, mais j'espère qu'elle reçut une solution favorable au droit si peu contestable des habitants.

En 1724, le Prieur fit arpenter les terres de Villemétrie. Jehan le Clerc, arpenteur juré, y trouve 77 arpents 1 quartier et 15 verges de terres labourables, et trois prés contenant ensemble 18 arpents 3 quartiers et 17 verges. Le cens et surcens produisaient 292 boisseaux d'avoine, 16 chapons, 130 poules, quelques douzaines de pigeonneaux et 7000 tuiles, le tout valant avec les censives en argent 186 livres. Les cens et surcens, les dîmes sur tous les grains, valaient 10 muids de grains, à quoi il faut ajouter le droit de forage, les droits de lots et ventes, etc.

Le 17 août 1735, Louis de Menou reçut notification des lettres de gradué de Me Antoine-Simon de Jean, prestre du diocèse de Bayeux, maître ès-arts et bachelier en théologie de la Faculté de Paris, chefcier[1] de l'abbaye royale de Sainte-Bathilde de Chelles, ordre de Saint-Benoît, diocèse de Paris, comme gradué nommé sur le Prieuré de Saint-Christophe.

Le 7 janvier 1736, notification de Jacques-Pierre Chéron, maître ès-arts de l'Université de Paris, clerc du diocèse de Meaux, et vicaire de Saint-Martin de Mitry. Peut-être ne sera-t-il pas inutile de rappeler en quelques mots la valeur et le sens des notifications et appellations.

On distinguait trois sortes de gradués : 1º les gradués *en forme,* qui avaient obtenu leurs degrés dans les Universités du Royaume, dans la forme prescrite par les réglements, c'est-à-dire qui avaient fait leur temps d'étude, subi les examens et suivi les autres exercices ordonnés pour parvenir à ces degrés.

2º Les gradués *en grâce* étaient ceux qui, ayant la capacité requise

---

[1] Chefcier, *Capicerius,* comme *Primicerius, quasi primus in cerâ,* le premier en liste de tous les clercs inscrits. Il était aussi le premier en dignité, et avait certains droits sur les clercs inférieurs. Littré préfère *capitiarius,* d'où *chevecier,* de *capitium,* chevet d'église, parce que ce dignitaire avait tout d'abord la charge du chevet de l'Eglise : plus tard, il prit également soin du luminaire, d'où *capicerius,* autre sens que donne le savant académicien. Oserais-je dire que je trouve la première explication plus naturelle?

pour les degrés, étaient dispensés du temps d'étude et de quelques exercices ordinaires. Ce temps était fixé à cinq ans pour les maîtres ès-arts, les bacheliers en droit canonique et en droit civil, et de six ans pour les bacheliers en théologie. Les nobles n'étaient obligés qu'à trois ans pour le droit canonique ou civil, à condition de prouver par quatre témoins, qu'ils étaient nobles *ex utroque parente.*

3° Les gradués *de privilége,* étaient ceux qui avaient reçu ce titre par lettres du Pape, de ses légats ou d'autres personnes ayant le droit de dispenser du temps d'étude, des examens et autres exercices. Ceux-ci n'étaient guère reconnus en France.

La Pragmatique Sanction, pour remédier aux abus de la collation des bénéfices, et encourager les études, avait réservé aux gradués le tiers des bénéfices vacants.

Le concordat de François Ier régla les choses un peu différemment, mais dans les mêmes proportions. Il affecta quatre mois de l'année à l'expectative des gradués, et leur assura les bénéfices vacants pendant les mois de janvier, avril, juillet et octobre.

Les gradués en forme ou en grâce, se partageaient encore en *gradués simples,* qui n'avaient que les lettres de leurs degrés et les certificats de leur temps d'étude, et les *gradués nommés,* qui étaient inscrits sur les rôles d'une Université, et qui en avaient obtenu des lettres de nomination adressées à quelque collateur. Le concordat affecta aux gradués simples la moitié des bénéfices vacants, c'est-à-dire deux des quatre mois, mais non pas exclusivement. Les deux premiers mois, appelés mois de rigueur, étaient réservés aux seuls gradués nommés, tandis que dans les deux autres les collateurs pouvaient à leur gré désigner des gradués simples ou nommés.

C'est en vertu de ce droit que Simon de Jean et Pierre Chéron, tous deux gradués nommés de l'Université de Paris, tous deux gradués en forme, ayant rempli le *quinquennium,* notifièrent au prieur leurs prétentions sur les bénéfices vacants dont il avait la collation.

Louis de Menou resta longtemps encore à la tête du Prieuré, et nous ne mentionnerons pas tous les baux, contrats, transactions qu'il signa pendant ce temps. Un seul de ces contrats mérite qu'on s'y arrête un instant. Il est daté du 2 mai 1759, et doit être un de ses derniers [1]. Nous avons vu en 1673 Guillaume Martineau autoriser les héritiers d'Antoine de Bouillon, ou plutôt Michel de la Roque, acquéreur des biens de la succession, à détruire le moulin à vent de Saint-Christophe, qui tombait en ruines. Je ne sais où les habitants faisaient moudre leurs grains depuis cette époque, mais près d'un siècle plus tard, le sieur Nicolas Potier, seigneur du fief de la Mairie, demeurant à Sacy-le-Petit, trouva sans doute qu'il ferait une affaire avantageuse en édifiant un nouveau moulin à Saint-Christophe. La situation, il est vrai, est exceptionnellement favorable pour un semblable établissement, et le vent ne rencontre guères d'obstacles qui l'empêchent de donner sur les ailes du moulin, et les mettre en mouvement. Je me trompe ; il y avait un obstacle et c'était précisément le prieur, qui en sa qualité de seigneur spirituel et temporel, était seul propriétaire du *droit de vent*. Nicolas Potier se vit donc dans la nécessité de se faire autoriser à établir un moulin faisant de blé farine, et l'autorisation lui fut gracieusement octroyée, moyennant 3 livres de cens par chacun an « au jour de saint Remy, chef d'octobre » à partir du jour où le moulin ferait farine, et sous réserve du droit de lots, ventes et saisines, au cas où Potier, ses hoirs ou ses ayant cause vendraient l'établissement. Et dès lors, le seigneur de la Mairie put sans crainte et sans obstacle tourner son aile au vent.

Est-il besoin d'ajouter que ce contrat, de notre temps, ne se conclurait pas à d'aussi douces conditions. Trois livres de rente annuelle n'étaient pas une bien lourde charge, et en échange, le meunier pouvait choisir à son gré, dans toute la seigneurie, l'emplacement de son moulin. Aujourd'hui, il lui faudrait acheter cet emplacement à un prix exorbitant, comme terrain à bâtir, payer le chemin conduisant de la voie

---

[1] T. X. 5505-6.

publique au moulin à peu près au même taux, ce qui ne le dispenserait nullement des contributions foncière, mobilière, des portes et fenêtres, surimpositions communales, prestations, patente, etc., etc., doux fruits du régime de la liberté.

DANIEL DE MENOU

Messire Louis de Menou résigna son prieuré en faveur d'un de ses parents, Jacques David ou Daniel de Menou, prêtre du diocèse d'Orléans, abbé de Bonrepos, au diocèse de Quimper; mais celui-ci mourut le 28 Novembre 1760, avant d'avoir pris possession.

ANNE DE NARBONNE
AUGUSTIN DE NARBONNE

Il eut pour successeur Messire Joachim–Anne de Narbonne Pelet, chevalier non profès de Saint–Jean de Jérusalem. Celui-ci ne garda pas longtemps la commende de Saint–Christophe, mais il la transmit dès l'année 1761, le 22 Février, ce qui ne fait pas trois mois d'intervalle entre la mort de son prédécesseur et sa propre cession, à son frère Claude–François–Augustin de Narbonne Pelet, aussi chevalier non profès de Saint–Jean de Jérusalem. Le même jour est signée la démission du bail des dîmes de Balagny, pris quatre ans auparavant par Sébastien Michel, moyennant 130 livres, 12 septiers d'avoine, 4 chapons gras, vifs, et en plume, et trois muids de grains pour le gros du curé.

Anne de Narbonne avait eu le temps pendant sa courte administration de signer une convention avec le Commandeur de Lagny pour la rente du Prieuré. Entre frères on s'était facilement entendu, et la redevance avait été portée à 5200 livres. Claude n'eut qu'à ratifier la convention en 1762. « Anne de Narbonne, colonel aux grenadiers de France, et détaché au régiment des grenadiers de Lespinasse, a été tué le 26 Juin 1762, lorsque les maréchaux d'Estrées et de Soubise quittèrent le camp de Grebenstein pour prévenir les Anglais qui voulaient s'emparer de Cassel [1]. »

Je trouve ensuite la note suivante que je crois utile d'insérer ici : « Nota que tous les titres transcripts depuis la page 5244 jusqu'à celle-ci, « 5602, ont été par moy collationnés sur les orig¹naulx estans aux « archives du Prieuré de Saint-Christophe, que jay mis en ordre à la « prière de M¹ le Chevalier de Narbonne, Prieur dudit Prieuré, et de « M¹ le Cardinal de Bernis, son oncle, Prieur de la Charité-sur-Loire, « estans tous deux au Plessier-Choisel, le 25 Mars 1764. » AFFORTY.

Cette note nous apprend que nos deux prieurs étaient neveux du Cardinal de Bernis, et en effet nous lisons dans la liste des prieurs dressée par le docte chanoine, qu'ils étaient fils de Messire Claude de Narbonne-Pelet, et de Françoise-Hélène de Pierre de Bernis, sœur du Cardinal. L'oncle, prieur de la Charité en même temps qu'archevêque d'Aix et Cardinal, avait confié à ses neveux le bénéfice de Saint-Christophe, qui, par une extension habile de la commende, leur permettait de suivre leur goût pour la carrière militaire. Le premier mort au champ d'honneur, le second lui succède; mais il ne jouit pas longtemps non plus du bénéfice; quelques actes seulement portent sa signature. Il fut tué le 26 Juin 1765, à Salé.

FRANÇOIS DE BERNIS

Le Cardinal avait donné le Prieuré à deux militaires, il le fait rentrer dans le clergé, mais c'est encore un membre de sa famille, François de Pierre de Bernis, qui en est investi, et il le gardera jusqu'à sa suppression. Le jeune François de Bernis était clerc tonsuré du diocèse de Nîmes, et c'est de Nîmes qu'il touchait les émoluments de sa charge. Afforty ne peut plus nous renseigner sur ce qui se passait à Saint-Christophe. Il a

---

[1] *Journal de Verdun,* Janvier 1762, p. 218.

terminé sa longue et laborieuse carrière, et, après avoir préparé pour l'Histoire de Senlis et de ses grands établissements une mine inépuisable de renseignements de toute espèce, honoré de l'amitié des érudits et de tous les collectionneurs de cette époque, qui durent à sa savante et patiente collaboration de nombreux documents, il s'est endormi dans la paix du Seigneur [1]. Les Archives de Saint-Christophe ne contiennent plus que quelques baux et locations et nous fournissent bien peu de renseignements sur le Prieuré et le Seigneur commendataire. On y voit seulement la continuation des fermages de dîmes ou de terres à Balagny, le Plessis–Belleville, Lagny–le–Sec, Villemétrie, Montlévêque, Laigneville, etc. Les baux de 1782 nous apprennent qu'à cette époque notre Prieur était vicaire-général de l'archevêque d'Alby et évêque d'Apollonie. Il était donc sérieusement entré dans le clergé. Il fut plus tard nommé archevêque de Rouen, et mourut en exil. Ses restes mortels ont été pieusement recueillis il y a quelques mois par les soins de Mgr le cardinal de Bonnechose, et rapportés dans sa ville épiscopale.

En 1785, Louis Crestel était son procureur fondé à Saint-Christophe et c'est le dernier acte qui témoigne de l'existence du prieuré.

Les actes de vente des biens de main-morte conservés aux Archives de l'Oise nous permettront de voir la dislocation du prieuré et son partage entre différents acquéreurs. Nous pourrons même constater par un acte authentique les regrets, intéressés sans doute, mais bien réels pourtant, que sa disparition laissa à Fleurines, et sans doute ailleurs encore.

---

[1] On ne lira pas sans intérêt la lettre suivante, qui dut précéder de peu de temps la mort du bon et docte chanoine :

« M' Doutreleau m'a remis les cinquante écus que vous avez donné à son postillon. » Ils m'ont porté bonheur : peu de jours après, M. le chevalier de Bernis m'a fait remettre « de la part de l'abbé de Bernis, Prieur de Saint-Christophe-en-Halatte, une décharge des « titres de son Prieuré, que j'ay arrangé et inventorié, avec une montre d'or à répétition « qu'on estime à 25 ou 30 louis. C'est un présent digne d'un aussi grand seigneur, auquel « je ne m'attendais nullement. J'en ai reçu des compliments de presque toute la ville, qui « a eu la bonté d'y prendre part. Cest de quoy me dédommager amplement de l'ingratitude « et des mauvaises façons de ceux pour qui j'ay travaillé de même sans aucune vue « d'intérêts, et uniquement pour obliger. » — *Communiqué par M. Flammermont.*

Le prieuré, comprenant le château, la ferme et 82 arpents de terre labourable, affermés pour neuf ans en 1784 par la veuve Pirlot, moyennant 1500 livres et 4 muids de grains, est mis à prix le 16 juillet 1791, et le sieur Roustain, ex-commissaire terrier à Paris, dépose une soumission de 59560 livres. Peu de jours après, au terme réglé par la loi, a lieu l'enchère publique faite par les administrateurs du district. Un premier feu amène une légère enchère. Le deuxième s'éteint inutile. Au troisième, Pierre-Ignace-Jannez Sponville, négociant à Paris, offre 60100 livres. Le quatrième feu n'amenant aucun résultat, le prieuré est adjugé au sieur Sponville, avec réserve des droits de la fermière et moyennant consignation immédiate d'une partie du prix. L'adjudication faite, le sieur Sponville déclare avoir agi au nom de Jean Charton, chef de la 1ʳᵉ division de la garde nationale de Paris, et administrateur du département de Paris, qui reste seul acquéreur.

Les autres terres sises à Fleurines, mises en adjudication le 8 Août 1791, sont adjugées au 19ᵉ feu au sieur Pécheu, entrepreneur de ponts-et-chaussées à Pont, moyennant 5100 livres.

Les terres de Montlévêque, Villemétrie et Senlis sont adjugées pour 15300 livres à Pierre-Claude Duguet, aubergiste.

Les 5 arpents dépendant du chapelain sont vendus 5825 livres à Francois Moreau, marchand de bois à Chantilly.

Cependant, les douceurs de la liberté n'étaient pas sans doute assez sensibles encore pour les pauvres de Fleurines. Elevés sous le régime despotique des prieurs ils ne pouvaient s'habituer si vite aux jouissances inattendues de l'affranchissement, et surtout ils regrettaient amèrement les distributions annuelles de vivres qu'ils recevaient de leur seigneur et maître. Ils allaient peut-être jusqu'à trouver, les ignorants, que le vieux régime avec ses rigueurs valait mieux que l'émancipation qui leur apportait en toute propriété la faculté de mourir de faim. Aussi, aidés des notables de Fleurines, du maire même, et des officiers municipaux, adressèrent-ils une requête à Messieurs les administrateurs du district de Senlis auquel les rattachait la nouvelle division du territoire. Ils réclamèrent le maintien de la prestation de 42 mines en blé méteil établie depuis longtemps à leur profit par le Prieuré. Ils citaient un acte de 1651, par lequel » le sieur Antoine de Bouillon, lors prieur, reconnaissait cette dette, et la consignait comme l'une des charges de la location des revenus du Prieuré à Saint-Christophe et Fleurines, et d'autres baux postérieurs qui attestaient leur droit à cette généreuse distribution. » Ils demandent donc que cette prestation continue à être payée par le domaine de Saint-Christophe.

« Les exposans et les pauvres, disent-ils en terminant, pleins de confiance en votre générosité, Messieurs, vous auront une éternelle reconnaissance de la justice qu'ils attendent de vous sur ce point.

TESTELIN,	ARNAULT,	L.-C. CAGNIARD,
P. de la Commune.	Officier.	Officier municipal

JACQUES HAVY,	NICOLAS HAVY,
Maire.	Notable.

Qu'advint-il de cette humble requête ? Hélas ! ce qu'il advint de bien d'autres du même genre. Les acquéreurs n'avaient pas accepté de semblables charges, la charité n'était plus à la mode, et la philanthropie qui lui succédait, remplaçait par quelques phrases sonores les distributions de blé et de pain, et bientôt la famine, une famine telle qu'on en vint à rationner les familles comme dans une ville assiégée, dispensa bientôt les pauvres de l'éternelle reconnaissance qu'ils promettaient aux honorables administrateurs.

Ici s'arrête mon rôle d'humble annaliste. Puissé-je l'avoir rempli à la satisfaction de ceux qui ont bien voulu m'encourager à entreprendre ce travail.

Les savants entre les mains desquels pourra tomber ma modeste brochure pourront évidemment y trouver beaucoup à reprendre. Je n'ai pas la prétention d'offrir au public une œuvre d'érudition. Mes loisirs ne m'ont pas permis d'étudier beaucoup la langue du moyen-âge, ni de suivre les cours des maîtres de l'Ecole des Chartes, je puis donc sans

XII

honte avouer mon ignorance en diplomatique. Mais alors, pourquoi se risquer à affronter la sévère et souvent dédaigneuse critique de MM. les érudits? La réponse me semble bien facile. Les vrais érudits sont généralement indulgents, surtout pour les travailleurs de bonne volonté qui ne demandent qu'à s'instruire, et qui, forts de cette bonne volonté, essayent d'apporter leur petite pierre au grand édifice de la science historique. Senlis possède dans les 25 volumes du chanoine Afforty un trésor historique que peuvent lui envier bien des villes plus importantes. Ce trésor est manuscrit et par conséquent accessible à bien peu de personnes. Le seul moyen d'en faire profiter la science, c'est de publier ce qu'il contient de plus intéressant. J'avais résumé en une courte notice historique les pièces de quelque importance qu'Afforty a recueillies dans les Archives du Prieuré de Saint–Christophe–en–Halatte, lorsque plusieurs membres du Bureau du Comité archéologique m'ont invité à publier le Cartulaire. J'ai cédé à leurs sollicitations, et encouragé d'ailleurs par M. le Préfet de l'Oise, par le Conseil général, qui a bien voulu allouer au Comité les subventions nécessaires pour mener à bonne fin cette entreprise, je présente aujourd'hui cet essai à tous ceux qui ont bien voulu s'y intéresser, et je les prie d'agréer mes sincères remerciements.

J'ajouterai que si le texte n'est pas aussi pur qu'on pourrait le désirer, la faute n'en doit pas retomber tout entière sur moi. J'ai vérifié sur l'original les quelques chartes qui se trouvent encore aux Archives de l'Oise; quant aux autres, j'ai cru devoir les donner telles qu'elles sont transcrites dans la collection d'Afforty, ne me croyant pas l'autorité nécessaire pour corriger l'œuvre du patient et docte chanoine. Quant à lui, son excuse, s'il faut lui en trouver une, est assurément dans l'immensité du travail qu'il a su mener à bonne fin.

GALLIA CHRISTIANA

T. IX et X, col. 777.

Constructam in honorem S. Christophori martyris abbatiolam de beneficio ecclesiæ S. Petri Bellovacensis tenebat W lerannus miles, juum ad re.em Philippum adstantibus fratribus suis Waltero archidiacono, Hurone, Balduino et Rainaldo accessit obnixe rogans ut, annuente Gausberto antistite, firm im eam facere liceret. Ad dotem monasterii assignat Walerannus villam nomine *Hermenc* ubi sita est ecclesia, villam *Florines* et alia in villis Pomponensi, Rens, Pontis, Amimaten, in pago Meldensi villam *Sincueric.* Flagitanti annuit rex cavitque sub pœna librarum C auri fl co regio solvendarum, ne preceptum suum quis violare præsumeret. Datum Compendii pridie cal. Maii 1061. Nunc est prioratus ordinis Cluniacensis situs prope Pontem ad S. Maxentiam, duabus a Silvanecto leucis, subjectus prioratui B. Mariæ de Caritate ad Ligerim.

CARTULAIRE

DU PRIEURÉ

DE

Sᵀ-CHRISTOPHE-EN-HALATTE

Privilegium Philippi I regis pro abbatiola Sancti Christofori in Halata.

Ex schedis dom. de Nulli, canonici Bellovacensis ¹.

Afforty, t. I, p. 155; Chroniques de N.-D. de la Charité-sur-Loire, Ordre de Cluny, Dioc. d'Auxerre, mss. p. 730. — Collationné aux Archives de l'Oise, sur le *Vidimus* de l'an 1326.

In nomine sancte et individue Trinitatis, ego Philippus gratia Dei Francorum rex. Cum status sacre religionis maxime fulciatur multimodis bonorum studiis, magis tamen augmentari creditur sacrorum constructione locorum, ubi semper Deum exorent vota fidelium : unde remunerationis premium apud Deum habet repositum quisquis sacra loca vel edificaverit, vel terrenis opibus ditaverit. Innotescat igitur solertie omnium tam presentium quam futurorum, quod quidam miles noster nomine Waleraunus, nostram adiit presentiam una cum fratribus, scilicet Waltero archidiacono et Hugone, necnon Balduino atque Rainaldo, petens ut abbatiolam quam constructam in memoriam Sancti Christofori martyris tenebat de beneficio S. Petri Belvacensis Ecclesie, annuente ejusdem Ecclesie Gausberto antistite, cum consensu clericorum suorum et militum, nostra manu firmam faceremus, ita ut nemo deinceps fratres ibidem Deo regulariter servientes, vel locum ipsum inquietare audeat, vel consuetudinem aliquam exigere, sed perpetualiter absque aliqua inquietudine vel contradictione sub nomine immunitatis permaneat. Dedit autem supradictus miles ipsi ecclesie de rebus sue proprietatis, ipsam scilicet villam nomine

Philippe I confirme les donations faites par Waleran à l'abbaye de St-Christophe, et y ajoute lui-même quelques donations et privilèges.

---

¹ Gallia Christiana, t. x, instrumenta, col. 255.

Hermene [1], ubi ea ecclesia sita est, et omnes consuetudines que sibi in eadem villa debebantur, et hospites, et servos et ancillas, et clausos vinearum, et terras arabiles, et prata; silvam quoque eidem ville adjacentem, et milites de eadem villa beneficia tenentes; villam similiter nuncupatam *Florinas*, cum omnibus ad eam pertinentibus; in villa quoque *Pomponensi* partem altaris sancti Petri ecclesie que dicitur Cella [2], cum sua decima et cum censu viginti solidorum, et servos et ancillas sui juris, clausos quoque vinearum, et terram arabilem, et prata et adjacentem silvam; juxta suburbium Clarimontis, in villa que dicitur *R stolum* [3], unum clausum vinearum. Item in pago Belvacensi, in villa que vocatur *Reus* [4], tres arpennos vinearum et dimidium; in villa que vocatur *Poi tis*, ancillam quamdam nomine Richildem, cum infantibus suis. In civitate vero Silvanectensi, unum clausum vinearum et unum furnum; in villa etiam *Ami iacensi* [5], unum hospitem et terram arabilem. In territorio Meldensi vill im que vocatur *Sincverie* [6], omne hoc quod Walterus pater suus ibi in proprio jure tenuerat. Dono etiam ego ipse cum matre mea, censum vinearum, et de denariis et de vino quas habebat predicta ecclesia in villa que vocatur Reus, ob remedium anime patris nostri Henrici regis. Item in territorio Silvanectensi predictus Gualerannus ded t eidem abbatie duas partes de decima ejusdem ecclesie sancti Christofor , quam sub manu firma tenebat de canonicis sancte Marie Silvanect. Ecclesie, annuente Feodando [7] episcopo cum clericis ad quos ipsa decima pertinebat. Ut igitur hec omnia inconvulsa et imperpetuum rata permaneant, petentibus supradictis fratribus, Gualeranno scilicet et aliis fratribus, manu nostra subterfirmavimus et principimus [8] nostris firmandam tradidimus. Si quis vero, quod absit, hoc preceptum violare presumpserit, centum libras auri coactus regio fisco reddat. Actum Compend o anno incarnationis Domini nostri Jhesu Christi millesimo sexagesimo primo indictione xiiiie regnante Philippo rege anno primo. Datum pridie calendas Maii... Balduinus cancellarius scripsit.

---

[1] Gall. Christ. : *Hermenc.* — Les Bénédictins me semblent avoir suivi, pour tous les noms propres de cette charte, l'orthographe du chanoine Afforty, sans vérifier l'exactitude de ses renseignements. Or, le bon chanoine, absorbé par le travail immense qu'il s'était imposé, lisait quelquefois un peu vite, et laissait ainsi échapper des erreurs que souvent d'ailleurs il corrigea dans la seconde série de ses manuscrits. Peut-être aussi, est-ce M. *de Nulli* qui leur transmit - cette copie insérée dans les preuves du *Gallia Christiana*.

[2] Montcel (?).

[3] Rotheleu, écart de Breuil-le-Vert.

[4] Reus, Rieux. 'Gall. Christ. : *Rens*).

[5] Amigny, village de l'Aisne, près de Chauny. (Gall. Christ. : *Amimaten*)

[6] Sineverie, Sennevières. (Gall. Christ. : *Sincueric* .

[7] Frolland, iie du nom.

[8] *Principibus* (?)

Donation de la petite Abbaye de Saint-Christophe-en-Hallate au Prieuré
de la Charité-sur-Loire.

Afforty, t. X, p. 5289 62 . 1ᵉʳ cahier AAAA, p. 2.)

In nomine sancte et individue Trinitatis. Cum constet magne apud divinitatis clementiam remunerationis esse si quilibet fidelium ad laudem et gloriam nominis ipsius sanctorumque venerationem basilicas exstruxerit, rerumque temporalium ditaverit, longe prestantiorem et excellentiorem assecuturum inde credimus superne retributionis dignitatem si ibidem summo pietatis annisu exquisitas atque Ecclesiastica religione probatas ad continue servitutis exhibenda Deo officia aggregans personas, decorem Domus Domini vite mundioris celibatu et sacre religionis incontaminato ritu provexerit, quia non tam in manufactis auro scilicet gemmarumque pretiositate radiantibus edificiis quam in sinceris ac devotis sanctarum mentium habitare gratulatur domiciliis, nec eo proventibus prediorum transitoriis ornamentisque corruptibilibus quantumlibet pretiosis quo delectari comprobatur pie viventium votis, precibus et obsequiis. Quocirca Ego Walerannus mei juris abbatiolam in Episcopio Belvacensi sub honore et nomine sancti Christofori martyris constructam sed studio male ibidem viventium monachorum ad irreligiositatis et seculoritatis ignominiam a sancte regule tramite paulatim deviando redactam Deo et Sancte Marie de Caritate cum cunctis sibi pertinentibus absque retentione deposito abbatie nomine sub Prioratus jure perpetualiter trado quatinus Dominus Gerardus ejusdem loci id est de Caritate Prior de suis quosdam illuc transmittens normam regularis vite statumque sacri ordinis et Cluniacen. religionis vigorem ibidem instaurare satagat.

Actum publice apud Sanctam Mariam de Caritate et positum ab eodem Waleranno super altare absque ulla retentione. Cujus rei testes habentur ejus filius Archebaldus qui hec laudavit, Rainaldus, dapifer ejus, Richardus de Petrafonte. Ex nostris Radulphus de Bosco, Segaldus prepositus, Warinus, sartor, Ebrardus de Duno, Petrus frater Archebaldi, Brunno de Sancero. Anno ab Incarnatione Domini millesimo octogesimo tertio, Indictione decima, regnantè Philippo anno regni sui vigesimo quarto.

Datum quinto Calendas Junii.

Donation de la Cure de Lagny-le-Secq à Saint-Christophe.

(Afforty, t. X, p. 5306 (79).

In nomine sancte et individue Trinitatis. Hominem duabus constare partibus videlicet anima rationali et corpore nulli dubium est : utrique autem parti que sua sunt digne providere saluberrimum est. Oportet ergo ut qui pro carne que vita (?) fortium est quotidie militamus, multo magis pro salute anime que est spiraculum

Juin 1083.

Waleran fait don au prieuré de la Charité-sur-Loire de la petite abbaye de St-Christophe.

1091.

Gautier, évêque de Meaux, concède à St-Christophe l'autel de Lagny-le-Sec.

vite tota intentione laboremus. Notum sit igitur tam presentie quam posteritati quod Ego Walterus non ex merito sed ex vocante Deo Meldensis Episcopus petitione Waleranni camerarii necnon Walcoti abbatis anime sue saluti precaventis in futurum salvo Jure ecclesiastico, synodo et circada [1] ceterisque consuetudinibus Ecclesie exceptis, altare Latiniaci scilicet sicci personali more Ecclesie Sancti Christofori concedo, tali conditione ut persona mortua pretio decem solidorum ipsi Episcopo impenso representetur ex altera, salvis etiam consuetudinibus Canonicorum Meldensis Ecclesie, videlicet ut archidiaconus inde quinque solidos habeat et Decanus quinque et cantor quinque et duo prepositi quinque et canonici in suo generali unum modium vini et senescalcus unum modium ordei. Hoc autem factum est anno ab Incarnatione Domini millesimo nonagesimo uno, regnante Philippo rege sub Stephano comite.

   † Signum Walteri Episcopi.
   † Signum Arnulfi Decani.
   † Signum Ollandi prepositi.
   † Signum Joannis Senescalci Episcopi.   .
   † Signum Adam archidiaconi.
   † Signum Ollandi cantoris.
   † Signum Gilleberti prepositi.
A parte Monachorum Sancti Christofori.
   † Signum Radulfi prioris ejusdem loci.
   † Signum Hugonis de Balliniaco.
   † Signum Morini.
   † Signum Ascelini monachi.
   † Signum Tescelini majoris.
   † Signum Joannis famuli.
Willermus cancellarius scripsit iv° Idus Martii et subscripsit.

Travers de Creil.

(Afforty, t. X, p. 5307 [80].)

Circa 1172.

Raoul, comte de Clermont, échange avec le prieuré son droit de travers à Creil.

In nomine sancte et Individue Trinitatis. Notum sit universis tam futuris quam presentibus quod ego Radulfus Dei gratia comes Claromontensis et Dominus Brituliensis intuitu Dei et eterne salutis Ecclesiam Sancti Christofori de Halatis a traverso sive pedagio Credulii pro quo dimidium modium vini et duas minas avene annuatim mibi reddere tenebatur perpetuo liberavi et quictam constitui et stabilivi. Eadem vero Ecclesia pratum septem arpennorum sub *Montetare* inter

---

[1] Circada, circadia ou circa, ronde, tournée. Cens que les Eglises payaient aux Evêques ou aux Archidiacres pour leurs frais de visite ou tournée.

duas aquas situm quod ante possederat mihi in concambium prefati redditus perpetuo possidendum donavit et concessit. Quod ut ratum indubitanter teneatur Guiberti prioris ejusdem Ecclesie et monachorum ipsius petitioni acquiescens presentis scripti testimonio muniri et sigilli mei impressione signari precepi. Nomina testium qui huic constitutioni interfuerunt subnotari feci.

† Signum Hugonis abbatis Flaviacensis.
† Signum Joannis prepositi Sancti Luciani.
† Signum Guiberti prioris Sancti Christofori.
† Signum Ingerani monachi.
† Signum Renaldi.
Agnellum [1] Joannis de Monte.
Agnellum Petri de Pratis.
Agnellum Hugonis de Pratis.
Datum per manum Guillelmi Capellani.

Dixme de Balagny donnée à Saint-Christophe.

Afforty, p. 5289 (62). 1 cahier AAAA, p. 10.

Ego Garinus Dei gratia Silvanectensis Episcopus notum (facio) universis presentes litteras inspecturis quod Regnaldus Miles de Mantegni in presentia nostra constitutus dedit in eleemosinam Ecclesie Sancti Christofori ob remedium anime sue et Patris et Matris ejusdem quamdam decimam apud Baleingni sitam, quam idem Regnaldus tenebat et in periculum anime sue diu tenuerat. Nos autem donationem illam concedimus et confirmamus. In cujus memoriam presentem paginam sigilli nostri munimine fecimus roborari.

Actum anno gratie 1214.

1214.

Regnault de Montigny ou Montagny donne au prieuré une dîme à Balagny.

Maison à Cinqueux.

Afforty, 5290 (63). (Ibid. p. 10).

Ego Theobaldus Blesis et Clarimontis comes omnibus presentes litteras inspecturis notum facio quod ego pro remedio anime mee et antecessorum meorum quidquid juris habebam in mansura quam Henricus et Henricus nepos ejus de Sanquez monachis de Sancto Christoforo in Hallata in eleemosinam contulerunt eisdem monachis

Octobre 1215.

Thibault, comte de Blois, donne au prieuré une maison sise à Cinqueux.

---

[1] Ce mot ne se trouve ni dans du Cange, ni dans Maigne d'Arnis. Serait-ce le diminutif altéré d'annulus, anel ou annel? On pourrait aussi remplacer Agnellum par Signetum, petit sceau, seing, signature.

contuli et eamdem masuram cum omnibus edificiis quiete et pacifice possidendam in perpetuum concessi. Quod ut ratum sit et stabile presentes litteras feci conscribi et sigilli mei munimine confirmari.

Actum apud Sanquez anno gratie ᴍ°ᴄᴄ°ᴠ°x° meuse Octobri. Datum per manum Terrici Cancellarii mei.

Dixme de Balagny.

Afforty, t. X, 5290 (63).

Mai 1218.

Bisendus de For-
fery renonce à ses
prétentions sur la
dîme de Balagny,
délaissée en 1214 par
Regnauld de Mon-
tigny.

Magister Gaufridus canonicus et officialis Silvanectensis omnibus presentes litteras inspecturis salutem in Domino. Noveritis quod cum Bisendus de Forfere miles traxisset in causam monachos sancti Christofori de Halatis, coram Domino Guidone Buticulario Silvanectensi, super decima de Balegni, quam dicebat jure feodi ad se pertinere, tandem, de consilio amicorum suorum, idem Bisendus in presentia nostra constitutus, quidquid juris in eadem decima reclamabat, dictis monachis in perpetuum fide interposita quitavit, et eam in manu nostra resignavit, et nos de ea ad preces ipsius Bisendi prefatos monachos investivimus. In cujus rei memoriam presentes litteras sigillo curie Silvanectensis fecimus communiri.

Actum anno gratie 1218, mense Maio.

De eadem. Approbation de Gui le Bouteiller.

Afforty, t. X, 5290 (63).

Mars 1221.

Gui le Bouteiller
ratifie ces actes.

Guido Buticularius Silvanectensis omnibus ad quos presens scriptum pervenerit salutem in Domino. Noverit universitas vestra, quod nos, donationem quam fecit Reginaldus Miles de Monceniaco, de decima de Balaniaco, que de nostro movebat feodo, monachis et Ecclesie Sancti Christofori de Halapes et concessionem etiam quam super eadem decima fecit eisdem Bisendus miles de Forferi sicut in litteris Domini Episcopi Silvanectensis, et ejusdem episcopi officialis plenius continetur, gratam habemus atque ratam, et quidquid juris in memorata habemus decima, dictis monachis et Ecclesie Sancti Christofori in perpetuum in eleemosinam quittamus et donamus. Quod ut ratum permaneat et inconcussum presens scriptum sigilli nostri munimine fecimus roborari.

Actum anno Domini 1221, mense Martio.

Menues dîmes de Lagny-le-Sec, Belleville et le Plessis.

Afforty, t. X, p. 5308 (81).

Août 1226.

Les doyens de Notre-Dame et de St-Frambourg mettent en demeure l'official de Meaux de faire payer au prieuré ses menues dîmes de Lagny.

Beate Marie et Sancti Frambaldi Decani et venerabilis Cantor Sancti Framberaldi Silvanectensis viro venerabili et discreto officiali Meldensi salutem in Domino.

Autoritate Domini Pape qua fungimur in hac parte vobis mandamus quatenus Priori Sancti Christofori de Halatis de Latiniaco sicco et de Bellavilla et de Plesseyo minutam decimam eo modo quo redditur in majore parte Episcopatus Meldensis reddi faciatis.

Actum anno Domini 1226, Mense Augusto, die Mercurii proxima post Festum Sancti Bartholomei.

Rente à Villemétrie.

Afforty, t. X, 5290-91 (63 64). Collationné sur l'original, aux archives de l'Oise.

Octobre 1226.

Etienne, prieur de la Charité approuve l'arrangement intervenu entre le prieur et les héritiers d'Ebrard, maire de Villemétrie, au sujet de l'amodiation des terres de Villemétrie.

Ego frater Stephanus, humilis prior, totusque conventus beate Marie Caritatensis, notum facimus presentibus pariter et futuris quod cum contencio verteretur inter venerabilem fratrem nostrum Nicolaum, priorem Sti Christofori de Halapes et monacos ejusdem loci, ex una parte, et Fochaudum de Balegni, Hememardem ejus uxorem et heredes Ebrardi, majoris de Villemeintrie ex alia, super modiacione terrarum quas Ecclesia Sti Christofori habet in dicta villa, et recipere consueverat annuatim octo modios bladi, ad mensuram Silvanectensem tandem, mediantibus bonis viris, pax amicalis inter partes predictas in hunc modum est formata. Sciendum est ergo quod omnes terre que sunt inter viam que tendit ab urbe Silvanectensi ad Barberium et viam que tendit ab urbe Silvanectensi ad *Montes* [1], reddent annuatim de censu, unumquodque arpentum unam minam et dimidium bladi ad mensuram Silvanectensem, medietatem ibernagii [2] et medietatem avene. Alie vero terre que sunt inter chiminum de Montibus et aquam de Villemeintrie, reddent similiter pro unoquoque arpento unam minam, medietatem ibernagii et aliam avene. Terre vero que sunt inter chiminum quod tendit ab urbe

[1] Montlévêque.

[2] Hibernagium, *seigle*, ainsi nommé parce qu'on le sème avant l'hiver. Les auteurs disent pourtant, que, quand il est mentionné dans les actes anciens sans autre détermination, il s'agit d'un mélange de blé et de seigle, ou *blé-méteil.*

Dans Littré : « Hivernache ou hivernage, mélange de seigle, de froment, d'avoine ou d'orge, semé de bonne heure en automne, pour avoir un pâturage d'hiver. En Flandre et en Normandie, on nomme ainsi un mélange de vesce, de seigle ou d'orge qu'on sème de bonne heure en automne et qu'on coupe en juillet. — Du Cange, blé yvernaige. »

2

Silvanectensi apud Carolilocum et Villemeintrie reddent similiter pro unoquoque arpento dimidiam minam, medietatem ibernagii, et aliam avene. Terre siquidem que sunt inter chiminum Caroliloci et villam que appellatur *Tiert* reddent pro duobus arpennis dimidiam minam bladi modo prenominato et hospites Sti Christofori qui sunt apud Villemeintrie debent fenum colligere suo tempore competenti. Predictam vero censam, duo ex heredibus predictorum Hememardis videlicet, et filiorum Ebrardi quos ipsi maluerint colligent et recipient in perpetuum, et exinde reddent annuatim undecim modios bladi ad mensuram Silvanectensem, Priori et Ecclesie Sti Christofori, medietatem ibernagii et aliam avene conductas apud Sanctum Christoforum infra octavas Sti Martini hyemalis et cum predictum bladum apud Stum Christoforum persolvetur, Prior et monachi Sti Christofori tenentur servientibus qui bladum adducent rationabiles expensas administrare. Si vero vendi contigerit aliquam partem de predictis terris, illa terre quantitas que debet de annuo censu unam minam bladi reddet de venditione duodecim denarios parisienses et illa que debet dimidiam minam reddet de venditione sex denarios. Illa vero que debet quartam partem mine reddet solummodo de venditione tres denarios et ita habebitur de omnibus terris censive nominate. considerata quantitate venditionis et emptionis. Venditiones vero per majorem quem dicti Fochandus, Hememardis ejus uxor et filii Ebrardi majoris et eorum heredes instituent apud Villemeintrie vel infra quam voluerint de parrochiis silvanectensibus et per ipsorum majorem emtor investietur. Si autem predicta modiacio Ecclesie Sti Christofori infra predictum terminum non fuerit persoluta, Prior et monachi ad omnes terras que sunt de censiva nominata se tandiu poterunt assignare, nec aliquam partem predictarum terrarum aliquis poterit excolere nisi per seipsos, donec predicta modiacio cum emenda septem solidorum et dimidium parisiensium integraliter fuerit persoluta. Et si aliquis deficeret in solutione censive nominate, dicti Fochandus, Hememardis ejus uxor et filii Ebrardi majoris de Villemeintrie vel eorum heredes post ipsorum obitum partem censive que deficeret in solucione in manu sua detineret et prior et monachi memorati eisdem tenebuntur garantire. Nos autem predictam compositionem gratam habentes et ratam volentes, videlicet futuris tempor'bus perpetuam obtineat firmitatem presens scriptum fieri fecimus et sigilli conventus nostri munimine roborari.

Actum anno gratie millesimo ducentesimo vigesimo sexto, mense octobris.

Confirmation de la rente de Villemétrie, par l'Official de Senlis.

Afforty, t. X, 5291 (64). Collationné aux Archives de l'Oise, sur une copie récente.

Avril 1229.

L'official de Senlis confirme l'acte précédent.

Magister Gaufridus canonicus et officialis Silvanectensis, omnibus presentes litteras inspecturis, salutem in Domino.

Noveritis quod *foucaldus* de Balagny et *ermengardis* uxor ejus, et heredes Ebrardi, majoris de Villametria, coram nobis in jure presentia firmaverunt tenendam compositionem illam quam fecerunt cum Priore et monachis Sti Christofori de

Hallata, super certa pensione terrarum quas iidem monachi habent apud Villamme-triam, et in perpetuum reddenda singulis annis sicut continetur plenius in charta, quam dictus foucaldus et heredes habent a dictis monachis, sigillata sigillo venera-bilium virorum Prioris et conventus de Caritate : In cujus rei memoriam presentes litteras hodie fieri, et sigillo curie Silvanectensis fecimus communiri.

Actum anno Domini millesimo ducentesimo vigesimo nono, mense Aprili.

Rieux, Maison et Vigne près l'Eglise.

Afforty, t. X, 5300 73 et XV, 910. 2ᵉ Cahier AAAA, p. 12, n. 24.

Robertus, Dei gratia Belvacensis Episcopus, universis presentes litteras inspec-turis, salutem in Domino.

Noverit universitas vestra quod cum controversia esset inter virum religiosum Guillermum, priorem de Caritate, pro se et monasterio Sancti Christofori in halapia sibi pleno jure subjecto ex una parte, et Magistrum *Reginaldum d Luzarches*, presbyterum de *Riu* ex altera, super quibusdam domibus cum tota masura, juxta Ecclesiam de Riu sitis, et vinea de *Hiannet* et uno quarterio quod appendet dicte vinee, que omnia, dictus presbyter dicebat ad Ecclesiam de Riu pertinere; tandem post multas altercationes inter ipsos habitas, taliter composuerunt coram nobis, quod dictus presbyter de Riu, in predictis se vel Ecclesiam de Riu nichil juris habere recognoscens, ex abundanti tamen, quidquid habebat et habere poterat et debebat pro se et Ecclesia sua in rebus predictis de assensu et auctoritate nostra dicto monasterio Sti Christofori in perpetuum quitavit et remisit. Prior de Caritate, dicto magistro Reginaldo et ejus successoribus qui pro tempore erunt presbyteri de Riu, concessit et donavit pro se et dicto monasterio sancti Christofori, ut ipse presbyter et ipsius successores de cetero presbyteri de Riu, uvas vinearum suarum de presbyterio de Riu in torcularibus sancti Christofori apud Riu gratis, libere, sine exactione et difficultate qualibet possint et debeant perpetuo pressorare sive triturare. Habebit etiam dictus presbyter pro expensis et damnis suis que exinde habuit, ut asserit, decem libras paris, et sic inter se ad invicem de omnibus debitis et querelis motis quiti remanebunt et immunes. In cujus rei testimonium presentes litteras sigillo nostro et sigillo dicti Prioris de Caritate fecimus communiri.

Actum anno Domini millesimo ducentesimo tricesimo nono, mense Decembri.

Décembre 1239
Robert, évêque de Beauvais, approuve l'arrangement sur-venu entre le prieur et le curé de Rieux au sujet d'une maison et d'une vigne sises à Rieux, près de l'Eglise.

Rieux. Maison près l'Eglise.

Afforty, t. X, p. 5301 (74). Ibid. p. 13, n. 25

Universis presentes litteras inspecturis, Johannes de Vernolio, miles, et Theo-baldus frater suus salutem in Domino.

Noverit universitas vestra quod cum nos saisissemus in manu nostra domum monachorum sancti Christofori in Halapia sitam apud *Riu* juxta ecclesiam cum horto sive gardino omnia moventia a nobis post obitum sicundi ? *Arnulfi* presbyteri

Mai 1240.
Jean de Vernouil, et Thibault, son frère, renoncent en-fin à leurs droits sur la maison et la vigne de Rieux.

de *Riu* que omnia Ecclesia sancti Christofori in Halapia tenebat. Tandem per judicium curie comitisse *Selenensis* ¹ compulsi, vestivimus dictos monachos de omnibus supradictis. Postea, tempore transacto, nos et dicti fratres iterato res predictas in manu nostra cepimus et saisivimus, ex qua captione et saisitione dicti monachi nobis supplicaverunt ut dictas captionem et saisitionem remitteremus. Nos autem, sano usi consilio, quitamus in perpetuum quidquid juris habemus in dictis rebus monachis sti Christofori in Halapia salvo reditu sive censu nobis et feodatariis nostris, cum justitia nobis spectante. Et ego Johannes qui sigillum habebam, ratificavi litteras istas per sigillum meum. Sed frater meus Theobaldus tenetur confiteri hec omnia coram officiali Silvanectensi, ut exinde habeantur littere sigillate sigillo curie Silvanectensis.

Actum anno Domini millesimo ducentesimo quadragesimo, mense Maio.

Confirmation de l'acte précédent par l'official de Senlis.

Afforty, t. X, p. 5301 (74) cahier AAAA, p. 13, n. 26.

Mai 1240.

L'official de Senlis confirme la renonciation de Jean de Verneuil.

Officialis silvanectensis universis presentes litteras inspecturis salutem in Domino.

Noverint universi quod *Theobaldus* frater Domini *Johannis de Vernolio*, militis, in nostra presentia constitutus recognovit concessisse et in perpetuum quitasse monachis sti Christofori in Halatis omnia que continentur in litteris dicti Johannis fratris sui, que omnia fiduciavit dictus Theobaldus in manu nostra se firmiter et fideliter servaturum, et contra omnes dictis monachis garandiam portaturum, salvis jure, redditibus, censibus cum justitia dicto Joanni et feudatariis suis spectantibus. In cujus rei testimonium, presentes litteras ad petitionem dicti Theobaldi sigillo curie Silvanectensis fecimus communiri.

Datum anno Domini millesimo ducentesimo quadragesimo, mense Maio.

Vidimus de la charte du Maître du Temple, en France, au sujet de la redevance de 50 muids de grain, à Lagny-le-Sec, etc.

Afforty, t. X, 5446 (219 , n. 20, liasse N. — Collationné sur l'original, aux Archives de l'Oise.

1240.

André de Coleurs, grand - maître des Templiers, règle, d'accord avec le prieur de la Charité, l'amodiation d s terres de Lagny-le-Sec, le Plessis-Belleville, etc.

Universis presentes litteras inspecturis, frater *Pontius de Ambon*, domorum milicie *templi* in francia preceptor salutem in Domino.

Noverint universi quod nos cartam fratris *Andree de Coleors* predecessoris nostri vidimus sub hac forma.

Frater *Andreas de Coleors* domus templi preceptor in francia omnibus presen-

---

¹ Serait-ce une traduction libre de Senlis?

tibus et futuris in Domino salutem. Noverint omnes quod nos et successores nostri in perpetuum tenemur solvere monachis de *Caritate* seu certo nuncio eorum quidquid contingat, annis singulis, in octabis Pur ficacionis beate Marie apud *Laniacum siccum* quinquaginta modios bladi [1] laudabilis ad mensuram de *Domno martino.* Cujus medietas erit frumentum et reliquum avena; et apud *Radolium,* vel apud *Villers* prope *Gandelus* [2], octo modios bladi laudabilis ad mensuram de Gandelus. Cujus medietas erit frumentum et reliquum avena; et apud *Troan :* viginti modios bladi laudabilis ad mensuram de Troan. Et apud *Capellam Galonis :* quinque modios bladi laudabilis ad mensuram trecensem ; et medietas totius bladi de Troan et de Capella Galonis erit siligo et reliquum avena. Et apud *Homeriacum* [3] : septem modios bladi, ad mensuram de Dugno. Cujus duo modii erunt frumentum et reliquum ordeum et avena. Et totum bladum supradictum debemus pro magnis decimis de Laniaco sicco, et de Troan et de Capella Galonis et de Villeriis prope Gandelus et de Homeriaco. Quas nobis admodiaverunt dicti monachi de Caritate in perpetuum pro summa bladi, superius memorata. Et ipsi monachi tenentur satisfacere annuatim capellano de Laniaco sicco super blado quod percipere debet in decimis ejusdem ville. Et omnes minute decime et omnes ecclesie tam *belleville* quam omnium supradictorum locorum monachis de Caritate libere in perpetuum remanent et quiete, teste sigillo nostro.

Actum anno gratie millesimo ducentesimo decimo, mense Junio.

In hujus autem rei testimonium et confirmacionem sigilli nostri munimine presentes litteras fecimus roborari.

Datum anno Domini millesimo ducentesimo quadragesimo.

Balagny. Pièce de terre près le Cimetière.

Afforty, t. x, 5295. Reg. I. p. 17.

Je Pierre Choisiax, chevaliers sires du *Plessie* et Marie ma femme fommes

Septembre 1240.

Pierre de Choisel donne aux moines de St-Christophe une pièce de terre à Balagny, moyennant deux sous de rente.

---

[1] Bladum sumitur 1° pro quovis tritico ; 2° pro quovis granorum genere, frumento, siligine, hordeo, avena, etc. Du Cange, Gloss. V° bladum .

Ce terme amena par la suite des discussions. Le prieur disait que « ce devait être froment » de tout le meilleur, ou a douze deniers le sextier près du meilleur, ou au moins blé froment au » los des granches, cest a scavoir entre le meilleur et le pejeur. Et ledit grand prieur disoit le « contraire, et que *fourment louable* ne devait pas etre entendu si bon comme le Prieur disoit. »

Après une longue et sérieuse enquête, et sur l'avis de deux experts agréés par les parties, et qui consultèrent nombre de personnes sages, Regnault Le Charon, lieutenant général du Bailli de Senlis, prononça que « *fourment louable* est et peut être dit celuy qui vaut autant a pals a « tournois que le fourment qu'on dit *blé des granches* vault en parisis. »

(Lettres du 26 août 1368, vidimées en 1370 et 1412).

Afforty, t. X, p. 5447 220.

[2] Gandelus (Aisne), arrondissement de Château-Thierry.

[3] Humières ?

scavoir a to ceux qui cest escript verront que nos avons donne en perdurable aumone a lEglise de St Christophe en halate et aux moines de celi lieu une piece de terre qui siet de lez le cimetierre de *Palegni* fransche et quite et en tel maniere que ie ne ma femme ne mi oir ne poons reclamer nul segnorie et sil avenoit que lon fesit force de cette chose, somes tenus a garantir et li moines de ce liu sont tenus à rendre deux sols chacun an a la feste St Remy a moi ou a mon oir et sil en défailloient ils seroient tenus a rendre sept sols et demy pour lamende et que ceste · chose soit ferme et estable a toiours ie et ma feme avons fet seler ces presentes lettres de nos deux seaux en tesmognage et en efforcement, et ce fust fest lan de lIncarnation 1240 on mois de septembre.

Donation d'un arpent de terre à Saint-Christophe.

Afforty, t. x, 5307 80 ibid. n 40, p. 81.

Janvier 1242.

Pierre le Coq renonce à ses droits sur un arpent de terre sis à St-Christophe, près du verger du prieuré.

Noverint universi quod ego *Petrus Coquus*, miles, quitavi Priori et monachis Sti Christofori de halatis omne jus et dominium quod habebam in uno arpento terre site juxta pomerium dictorum monachorum quem *Johannes Devaus* ?) dictis Priori et monachis contulit in eleemosynam, ita videlicet quod ego et heredes mei in dicta eleemosina amodo aliquod jus non poterimus reclamare. Quod ut ratum permaneat et firmum, presentes litteras sigilli munimine roboratas dictis Priori et monachis dedi in testimonium et munimen.

Actum anno domini M°CC°XXXX°II°, mense januario.

Dixme à St-Christophe, concédée par le doyen et le Chapitre de Senlis.

Afforty, t x, p. 5298 (71 . Cahier ᴧᴧᴧᴧ, p. 9.

Janvier 1242.

Le doyen et le chapitre de Senlis cèdent au prieuré leur dimage de St-Christophe, moyennant une redevance de 4 muids et demi de blé et avoine.

Omnibus presentes litteras inspecturis Decanus et capitulum silvanect. salutem in Domino.

Noveritis quod nos decimationem nostram quam habemus in territorio Sti Christofori de Halatis, Belvacensis diecesis, concessimus Ecclesie Sti Christofori perpetuo possidendam sub annua pensione quatuor modiorum et dimidium tam bladi quam avene. Quam quidem pensionem Prior qui pro tempore fuerit in domo Sti Christofori vel etiam dicta domus Sti Christofori si non fuerit ibi prior, nobis, singulis annis, solvere tenebuntur ad mensuram capituli Silvanectensis, ita quod due partes erunt bladi et tertia pars avene. De istis vero quatuor modiis et dimidio solventur duo modii presbytero parochiali Sti Christofori due partes bladi et tertia pars avene. Solvetur autem dicta annona tam nobis quam presbytero dicto non deteriorata sed talis qualis colligetur in decimatione predicta. Si tamen, quod absit, aliquo anno vel guerra communi vel tempestate communi dictus prior vel domus Sti Christofori dampnificarentur evidenter, nos in hoc sequemur approbatam consuetudinem regionis, super dicta vero decimatione dicto priori aut ecclesie Sti Christofori, legitimam garanciam portare tenemur. Super hiis autem observandis litteras nostras dicte Ecclesie concessimus sigilli nostri robore communitas.

Actum anno Domini 1242, mense januario.

Charte confirmative de G., Prieur de la Charité.

Afforty, t. i, p. 84 et 478.

Omnibus presentes litteras inspecturis G. humilis prior de Caritate et totus ejusdem loci conventus salutem in Domino. Noveritis quod Decanus et capitulum... [Cetera ut in precedenti Charta, mutatis personis et numero]... Quia vero dictus Prioratus nobis immediate subjectus est, petierunt a nobis tam prior et monachi Sti Christofori quam Decanus et capitulum ante dicti ut dicte ordinationi nostrum impertiremus assensum. Quorum petitioni benigne occurrentes assensu dictam compositionem acceptavimus et sigillis nostris appensis presentibus litteris duximus roborandam.

Actum anno Domini 1240, mense Augusto.

Août 1242 ou 43 t.
Le prieur de la Charité confirme cette convention.

Cinquante muids de grain dûs par le commandeur de Lagny-le-Sec. Vidimus de Robert, évêque de Nevers.

Afforty. t. X, 5297 (70).

Robertus Dei gratia nivernensis episcopus omnibus presentes litteras inspecturis salutem in Domino.

Notum vobis facio quod nos litteras fratris Andree de Coleors domus templi preceptoris in francia vidimus et eas diligenter inspeximus hac forma :

Frater Andreas de Coleors etc., etc. Voir le vidimus de 1240.

Nos vero ad perhibendum veritati testimonium super hiis que in dictis litteris fratris Andree de Coleors prenominati vidimus et inspeximus plenius contineri, presens transcriptum sigilli nostri munimine duximus roborandum.

Actum anno gratie M°cc°xxxx°iii° mense Junio.

Juin 1243.
Vidimus de l'accord entre le prieuré et les chevaliers du Temple.

---

t La convention étant de 1242, la confirmation n'est évidemment pas de 1240, comme l'indique Afforty.

Droits sur une maison sise à Senlis, hors la porte Saint-Sanctin.

Afforty, t. X, p. 5302 (75). Ibid. p. 13, n. 27,

Août 1243.

Pierre de Saumur et Hellende , son épouse, vendent au prieuré une maison et une masure, sises hors la porte St-Sanctin, et font ratifier leur vente par l'official de Senlis.

Universis presentes litteras inspecturis officialis Silvanectensis salutem in Domino. Noveritis quod *Petrus de Saumur et Hellendis* uxor sua in nostra presentia constituti recognoverunt se vendidisse Priori et monachis Sti Christofori de Halapia quamdam domum et quamdam masuram sitam in clauso Domini Petri Choisel, militis, extra portam sancti Sanctini pro novem libris parisiensibus de quibus recognoverunt coram nobis sibi fuisse a dictis Priore et monachis plenarie satisfactum in pecunia numerata. Dicta vero Hellendis renuntiavit coram nobis expresse omni juri quod ei competebat vel competere poterat in dictis domo et masura ratione dotis aut qualibet alia ratione. Renuntiaverunt insuper predicti Petrus et Hellendis omni juris auxilio tam scripti quam consuetudinarii et exceptioni non numerate pecunie et cuilibet alii exceptioni per quam predicti Petrus et Hellendis vel alter eorum contra predicta vel aliquid de predictis quicquam possent attentare. De his autem firmiter observandis et de legitima garandia eisdem Priori et monachis contra omnes portanda predicti Petrus et Hellendis in manu nostra fidem dederunt corporalem. Quod ut ratum et firmum futuris temporibus habeatur nos in perpetuam hujus venditionis memoriam presentes litteras sigillo curie Silvanectensis ad instantiam dictorum Petri et Hellendis duximus roborandas.

Datum anno Domini millesimo ducentesimo quadragesimo tertio, mense Augusto.

Réserve d'un cens de 20 sols parisis sur la susdite maison.

Afforty, t. X, p. 5302 (75). Ibid. n· 28, p. 14

Août 1243.

Marie, épouse de Pierre Choisel, consent à cette vente en réservant son droit à une rente de 20 sols parisis sur la maison.

Universis presentes litteras inspecturis, Ego *Maria* nobilis mulier, uxor Domini *Petri Choisel* militis, *de Plesseio*, notum facio quod ego et dominus Petrus maritus meus et heredes nostri videlicet *Johannes et Isabella* voluimus et concessimus quod masuram que sita est in clauso nostro extra Portam Sti Sanctini Silvanectensis quam emerunt monachi Sti Christofori in halapia in perpetuum habeant et possideant pacifice et quiete, ita tamen quod dicti monachi nobis et heredibus nostris singulis annis in festo Sti Remigii viginti solidos... paris. anoui census solvere tenebuntur. Et sciendum est quod predicti monachi anniversarium nostrum et heredum nostrorum facient annuatim. Ego autem Maria et Petrus maritus meus et heredes nostri predictam masuram predictis monachis contra omnes justitia exigente garantire tenemur pro censu superius nominato. Quod ut firmum et stabile permaneat, presentes litteras sigilli mei munimine roboravi.

Datum anno Domini millesimo ducentesimo quadragesimo tertio, mense Augusto.

Approbation de Pierre Choisel.

Afforty, t. X, p. 5294 (67). Ibid p. 15.

Universis presentes litteras inspecturis *Petrus dictus Choisel de Plessiaco* miles salutem.

Universitati vestre notum facio quod ego de consensu nobilis mulieris Marie uxoris mee heredumque meorum videlicet *Joannis et Isabelle* volui et concessi quamdam masuram que sita est in closo meo extra portam Sti Sanctini..... *(Cetera ut in preced. charta, mutatis nominibus et numero)*..... Quod ut firmum et stabile permaneat in perpetuum, sigillum meum presentibus litteris apponere dignum duxi.

Datum anno Domini Mᶜᶜᶜxxxx·ᴵᴵᴵᵒ, mense Augusto.

Aoûst 1243.

Pierre Choisel approuve l'acte de sa femme.

Villemétrie. Cens et surcens de 18 s. parisis.

Afforty, t. X, p. 5292 (65).

Universis presentes litteras inspecturis officialis curie Silvanectensis salutem in Domino.

Noveritis quod˙*Scrannus* clericus silvanectensis in nostra presentia constitutus recognovit se contulisse et in eleemosynam concessisse monachis Sti Christofori in halapia decem et octo solidos paris. censuales apud villammeinte super masuram et vineam *Bartholomei Lathomi* reddendos annuatim predictis monachis hiis terminis, videlicet in festo Sti Remigii quatuor solidos et dimidium et in natali Domini quatuor solidos et dimidium et in pascha quatuor solidos et dimidium et in nativitate Sti Joannis baptiste quatuor solidos et dimidium quos decem et octo solidos predictus Scrannus recipiet annuatim quamdiu vixerit et post decessum ipsius ad eosdem monachos devenient pro anniversario ipsius Scranni annis singulis celebrando. Quod ut ratum et firmum permaneat, presentes litteras sigillo curie Silvanectensis fecimus communiri.

Datum anno Domini 1243, mense Augusto.

Aoûst 1243.

Scrannus, clerc de Senlis, donne au prieuré une rente de 18 sous parisis sur la maison et la vigne de Barthélemy le Carrier, à Villemétrie. afin qu'on lui célèbre chaque année un service, à perpétuité.

Deux pièces de terre à Saint-Christophe.

Afforty, t. X, p. 5303 (81).

Universis presentes litteras visuris Officialis curie Silvanectensis salutem in Domino.

Noveritis quod *Renaudus li archiers et domicella* ¹ *Catherina* uxor sua in

St - Christophe , avril 1247.

Pierre l'Archer, et damoiselle Catherine, son épouse, vendent au prieuré deux pièces de terre labourable, sises à St Christophe.

---

¹ Domicella, damoiselle, fille de noble origine.

3

nostra presentia constituti recognoverunt se vendidisse et in perpetuum quitasse Priori et monachis Sti Christofori de halatis Belvacensis diecesis duas pecias terre arabilis sitas in territorio Sti Christofori quarum una pecia sita est ad.. .. placonis (?) et altera sita est in cultura monachorum Sti Christofori et in *Boutinval* prout predicti Renaudus et Caterina coram nobis hec omnia firmiter asseruerunt. Hec autem ⸗enditio facta fuit ut dicitur pro quatuor libris par. et tribus minis bladi uno quarterio minus sibi quittis de quibus recognoverunt coram nobis sibi a dictis priore et monachis plenarie satisfactum in pecunia numerata, promittens dicta Caterina coram nobis quod in dicta terra vendita, ratione dotis ant dotalitii aut quacumque alia ratione, nihil de cetero per se vel per alium reclamabit. Renuntiaverunt insuper coram nobis exceptioni non numerate pecunie et alii omni exceptioni per quam possent dicti Renaudus et Caterina vel alter eorum dictos Priorem et monachos super dicta venditione aliquatenus molestare. De his autem firmiter tenendis et de legitima garandia eisdem Priori et monachis super dicta venditione contra omnes qui ad jus et legem venire voluerunt portanda predicti Renaudus et Caterina in manu nostra fidem dederunt corporalem. In cujus rei testimonium presentes litteras sigillo Curie Silvanectensis fecimus communiri.

Datum anno Domini 1247, mense Aprili.

Villemétrie. Cens et surcens de 13 s. parisis.

Afforty, t. x, 5p 292 (65)

Villemétrie, novembre 1247.

Barthélemi Fournier et Pétronille, sa femme, vendent au prieuré un droit de surcens de 13 sous parisis.

Universis presentes litteras visuris, officialis Silvanectensis salutem in Domino. Notum facimus quod in nostra presentia constituti *Bartholomeus Furnarius* de *Villameinte* et *Petronilla* uxor sua recognoverunt se vendidisse et in perpetuum quittasse Priori et monachis Sti Christofori Belvacensis diecesis tredecim solidos supercensus parisiensis monete reddendos annuatim ad festum Sti Remigii Priori et monachis prenominatis pro octo libris et dimidia paris. de quibus recognoverunt coram nobis sibi fuisse a dictis Priore et monachis plenarie satisfactum in pecunia numerata quos tredecim solidos supercensus recognoverunt coram nobis predicti Bartholomeus et Petronilla se assignasse super arpennum vinee contigue vinee Petri filii Liegardis et super quinque quarteria vinee contigue vinee Johannis Aucipitis et super manerium suum sicut se comportat situm apud Villammeintriam contiguum masure Radulfi Turbarii que omnia sita sunt in fundo dictorum prioris et monachorum et movent de censu et dominio eorumdem monachorum prout predicte partes coram nobis firmiter asseruerunt, promittens etiam dicta Petronilla coram nobis quod in dictis tredecim solidis ratione dotis et dotalitii vel quacumque alia ratione nihil de cetero per se vel per alium reclamabit. De hiis autem omnibus firmiter tenendis et in posterum observandis et de legitima garandia super predictis tredecim solidis contra omnes portanda predictis priori et monachis, dicti Bartholomeus et Petronilla in manu nostra fidem dederunt corporalem. Quibus presentibus litteris ad petitionem dictorum Bartholomei et Petronille sigillum curie Silvan. duximus apponendum.

Datum anno Domini 1247, mense novembri.

Une pièce de terre à Saint-Christophe.

Afforty, t. X. 5307 (80). P. 19, n° 43.

Universis presentes litteras visuris Officialis Silvanectensis salutem in Domino. Noveritis quod *Maria relicta Ade Grancharii* in nostra presentia recognovit se vendidisse et quitasse priori et monachis Sancti Christofori Belvacensis diecesis quamdam terram quam dicebat habere apud stum Christoforum sitam inter chiminum *Crespianum* et *Aubermont* prout dicta Maria coram nobis recognovit, que venditio facta fuit ut dicitur pro viginti solidis paris. de quibus confessa fuit coram nobis dicta Maria sibi fuisse a dictis Priore et monachis satisfactum plenarie in pecunia numerata, promittente tamen dicta Maria quod in dicta terra vendita ratione dotis seu dotalitii nihil de cetero reclamabit. De hac autem venditione firmiter tenenda et posterum observanda et de legitima garandia eisdem Priori et monachis contra omnes super dicta venditione portanda dicta Maria in manu nostra fidem prestitit corporalem. In cujus rei testimonium presentes litteras sigillo curie Silvan. fecimus communiri.

Datum anno Domini 1247, mense Novembri.

Novembre 1247.

Marie, veuve d'Adam Grancher, vend une pièce de terre au prieuré.

Cens à Brenouille.

Afforty, t. X. 5305. (78). P. 17, n° 35.

Ego *Petrus dictus Coquus* miles notum facio omnibus presentes litteras inspecturis quod ego eleemosynam quinque solidorum et duorum denariorum paris. censualium portantium rentas sitorum apud *Brenulium* quos *Johannes Gruarius de Plesseyo* tenebat de me apud Brenulium [1] quam idem Johannes fecit pro remedio anime sue Ecclesie et monachis de Sto Christoforo volui, laudavi et bona fide concessi quod dicta Ecclesia et monachi dictos quinque solidos et duos denarios in perpetuum teneant pacifice et quiete et quidquid juris habebam in dictos quinque solidos et duos denarios par. dictis monachis et Ecclesie libere quitavi, tali tamen adjecta conditione quod si aliquis esset qui de jure me posset compellere ad redimendos dictos quinque solidos et duos denarios par. in manu laicali, dicta Ecclesia et

Brenouille, mars 1254.

Pierre le Coq laisse à St-Christophe 5 sous 2 deniers par. de cens qu'il touchait à Brenouille, et que tenait de lui Jean le Gruyer du Plessis.

---

[1] La cession en avait été faite, en 1227, par Raoul le Coq, en son nom et au nom de ses enfants, à Guillaume Choisel, père de Jean.

monachi in tali statu in quo erant tempore dicte eleemosyne primo facte remane-
rent, et ego jam dictus Petrus vel heredes mei teneremur dictis Ecclesie et monachis,
sine contradictione aliqua, reddere quinque minas bladi quas a prefata Ecclesia et
monachis, nomine accommodati, recepi; et ad predictas quinque minas bladi dicte
Ecclesie et monachis reddendas, si dictos quinque solidos et duos denarios paris. non
possim eisdem garantizare me et heredes meos obligavi, promittens bona fide quod
contra dictam eleemosynam, per me vel per alium non veniam in futurum. Quod ut
ratum sit et stabile, presentes litteras, inde scriptas, sigilli mei munimine roboravi.

Actum anno Domini millesimo ducentesimo quinquagesimo quarto, mense
Martio.

Fief de..... scis à Saint-Christophe.

Afforty, t. X, p. 5306 (79) p. 18, n° 39

St - Christophe ,
juillet 1254.

Ganltier d'Aulnoy,
seigneur du Mesnil,
concède à l'église de
St - Christophe son
droit seigneurial sur
le fief de .....

Ego *Galterus de Alneto* miles, Dominus de *Mesnillio* notum facio universis
presentibus et futuris quod ego, pro salute anime mee et antecessorum meorum
volo et concedo quod Ecclesia Sti Christofori in Halata et monachi ibidem Domino
servientes in perpetuum possideant pacifice et habeant totum feodum quod dicitur
de..... et totum dominium dicti feodi situm in villa Sti Christofori; videlicet tam
partem illam quam dicta Ecclesia de dicto feodo tenebat quam illam partem quam
monachi supradicti emerant a *Petro de villa scabiosa* et *Ermingarde* uxore sua,
quam partem dicti Petrus et Ermingardis tenebant de me in feodum. Unde sciendum
est quod ad dictum feodum pertinent duo solidi censuales, quatuor capones, quatuor
mine avene, una mina bladi et dimidia de supradictis. Quia vero supradicta movent
a dominio feodi mei, tamquam dominus volo et in perpetuum confirmo quod dicta
Ecclesia libere et absolute et sine ulla reclamatione totum dictum feodum in perpetuum possideat et habeat. In cujus rei testimonium presentes litteras sigilli mei
munimine roboratas dicte Ecclesie Sti Christofori tradidi ad robur firmitatis.

Datum anno Domini millesimo ducentesimo quinquagesimo quarto mense Julio.

Maison à Senlis, rue de Paris, ditte le Chapeau Rouge.

Afforty, t. X, 5302, 75, 2ᵉ cahier AAAA p. 14. n° 29.

Janvier 1255.

Etienne Biberei re-
nonce en faveur du
prieuré à ses droits
sur la maison du
Chapeau-Rouge don-
née à St-Christophe
par Gui, son frère,
avant son entrée en
religion.

Omnibus presentes litteras inspecturis officialis Silvanectensis salutem in
Domino.

Notum facimus quod in nostra presentia constitutus *Stephanus dictus Biberei* (?)
recognovit se quitasse et in perpetuum quitavit viris religiosis Priori et monachis Sti
Christofori in Halata Belvacensis diecesis, Cluniacensis ordinis, quidquid juris
habebat seu habere poterat quocumque modo, in domo que fuit comiti (?) sita in

vico Parisie inter domum *Hituri (?) Frou* et domum *Jacqueline*, quam domum, *Guido* frater dicti *Stephani* et confrater dictorum Prioris et monachorum antequam intraret religionem, Sti Christofori Ecclesie donaverat in perpetuum pacifice et quiete possidendam ; quam vero dictam domum dictus Stephanus a prefatis Priore et monachis Sti Christofori ad sexaginta solidos par. de supercensu annuatim eisdem reddendum retinebat. Quibus omnibus dictus Stephanus coram nobis penitus et..... spontaneus renuntiavit volens et concedens dictus Stephanus quod predicti Prior et monachi de dicta domo locanda aut vendenda seu quocumque alio modo de cetero suam faciant voluntatem, promittens etiam fide in manu nostra prestita corporali quod in dicta domo vel per se vel per alium ratione alicujus juris nihil de cetero reclamabit vel faciet reclamari et quod contra dictam quictationem non veniet in futurum et ad hec omnia observanda et firmiter tenenda eadem fide in manu nostra prestita, se et heredes suos obligavit. In cujus rei testimonium ad petitionem dicti Stephani sigillum curie Silvanectensis presentibus litteris duximus apponendum.

Datum anno Domini ᴍ°ᴄᴄ°ʟ⁃ᴠ° mense Januario.

Rieux. Maison près l'Eglise.

Afforty, t. X, 5298 (71). C. ᴀᴀᴀᴀ, p. 18.

Nos *Symon de Feulleuses* miles et *Domina Ada uxor*, Notum facimus universis presentes litteras inspecturis quod nos pro remedio et salute animarum nostrarum et antecessorum nostrorum quitavimus in perpetuum et etiam quitamus viris religiosis et honestis..... Priori et monachis Ecclesie Sti Christofori in Halapia Cluniacensis ordinis, Belvacensis diecesis, quidquid juris habebamus vel habere poteramus quoquomodo in quadam domo eorum sita apud Rieu juxta Ecclesiam ejusdem loci cum omnibus appenditiis ejusdem domus excepta quadam mina avene quam habemus in eadem et duodecim denariis ex annuo reditu singulis annis in festo beati Dionysii et uno quarterio vini singulis annis in vindemiis nobis et participibus nostris in eadem domo retinemus volentes et concedentes quod dicti Prior et monachi domum predictam cum appenditiis de cetero in manu mortua teneant et quiete possideant in perpetuum ut dictum est, mediantibus triginta libris turon. nobis à dictis Priore et monachis in pecunia numerata persolutis, exceptioni non numerate et non solute pecunie et omni juris auxilio tam canonici quam civilis renuntiantes, promittentes fide a nobis prestita corporali quod in predictis domo seu appenditiis ejusdem nichil de cetero exceptis predictis per nos vel per alios ratione alicujus juris reclamabimus vel reclamari faciemus; et specialiter ego, dicta Domina Ada ratione dotis sive donationis propter nuptias vel alterius cujuscumque juris omnibus predictis ut predictum est penitus et expresse renuntio spontanea voluntate mea, in nullo coacta fide mea prestita corporaliter. Promittimus etiam sub eadem fide quod predictam domum cum appenditiis ejusdem modo prescripto quictatam dictis Priori et monachis erga consortes et participes nostros legitime

Rieux, avril 1255.

Simon de Feulleuse et Ada, sa femme, cèdent leurs droits sur une maison sise à Rieux.

garantizabimus et deliberabimus et ad hec omnia et singula firmiter observanda heredes nostros specialiter obligamus. In cujus rei testimonium presentes litteras priori et monachis tradidimus sigillorum nostrorum munimine roboratas.

Datum anno Domini ducentesimo quinquagesimo quinto, die Jovis post pascha, prima die Aprilis.

Rieux. Même Maison.

Afforty, t. X, 5299, p. 72 (AAAA, p. 20).

Rieux, avril 1255.

Confirmation par l'official de Beauvais.

Omnibus presentes litteras inspecturis officialis Belvacensis salutem in Domino.

Noverit universitas vestra quod coram nobis constitutus Dominus Symon de Fuelleuses, miles, et Domina Ada ejus uxor, coram Odone de Fossato, clerico nostro jurato ad hoc a nobis specialiter deputato constituta recognoverunt se quittasse et etiam in perpetuum quittaverunt videlicet dictus miles coram nobis et dicta Domina coram dicto clerico, Priori et monachis Ecclesie Sti Christofori in Halapia cluniacensis ordinis, Belvacensis diecesis, quidquid juris habebant vel habere poterant..... in quadam domo.....

(Cetera ut in charta precedenti.)

Datum anno Domini m°cc°l°v°, die Jovis post Pascha.

Rieux. Même Maison. Saisine.

Afforty, t. X, 5298 (71), AAAA. 18.

Octobre 1255.

Pierre du Faiel et Sanctissima , son épouse, donnent au prieuré une garantie mobilière et immobilière pour la jouissance de la maison de Rieux.

Universis presentes litteras inspecturis Ego Petrus de faiel, miles, et Sanctissima uxor mea notum facimus quod Ego Petrus et uxor mea non coacta sed spontanea, laudamus, volumus et concedimus quod Prior et monachi Sti Christofori in Halatis, Belvacensis diecesis, domum suam sitam apud Rieu juxta Ecclesiam de Rieu cum orto et appenditiis ejusdem teneant in manu mortua et in perpetuum possideant pacifice et quiete et ad hec omnia firmiter et in perpetuum observanda nos et bona nostra mobilia et immobilia ubicumque sint necnon et heredes nostros obligamus specialiter et expresse, salvis tamen jure, justitia et reditibus dominorum, promittentes bona fide quod contra premissa vel aliquid de premissis per nos vel alios jure aliquo veniemus nullatenus in futurum.

In cujus rei testimonium Ego Petrus et Sanctissima uxor mea presentes litteras sigillorum nostrorum munimine fecimus roborari.

Datum anno Domini millesimo ducentesimo quinquagesimo quinto, Mensis Octobris.

Maison à Senlis, rue de Paris, dite le Chapeau rouge.

Afforty, t. x, 5303 (76).

Adam divina miseratione Ecclesie Silv. minister humilis universis presentes litteras inspecturis salutem in Domino.

Veniens ad nos religiosus frater Radulfus prior Sti Christofori in Halata ordinis Cluniacensis, nobis humiliter supplicavit ut quamdam domum quam ipse et monasterium suum ex dono et eleemosina fratris quondam Biberi habebat apud Silvanectum, sitam in vico Parisie, inter domum defuncti Hiterici Fro et domum Jacqueline, moventem de censiva nostra ad duodecim denarios annui census permitteremus eidem et successoribus suis in perpetuum tenere et possidere in manu mortua. Nos vero precibus ipsius inclinati, utilitate Ecclesie nostre in hoc pensata, concessimus eidem ut, salvo jure et justitia, prior Sti Christofori qui pro tempore fuerit teneat et possideat dictam domum in manu mortua absque coactione vendendi vel extra manum suam ponendi, ita tamen quod dictus Prior et successores sui nobis et successoribus nostris singulis annis tres solidos parisienses annui census reddere teneantur pro domo predicta. In cujus rei testimonium presentibus litteris sigillum nostrum duximus apponendum.

Datum anno Domini m°cc°l°v°, mense Decembri.

Senlis, décembre 1255.

Adam, évêque de Senlis, accorde à Raoul I, prieur de St-Christophe, la main-morte pour la maison du Chapeau-Rouge.

Justice des bois de Saint-Christophe.

Afforty, t. x, 5294 (57). AAAA, p. 16.

Ego Petrus dictus Choisial miles, Dominus de Plesseio juxta Silvanectum, notum facio universis presentibus et futuris presentes litteras inspecturis quod cum contentio esset inter me ex una parte et religiosum virum Priorem et monachos Sti Christofori in Halata ex altera, super justitia latronum et melleye ¹ que eveniunt et evenire possunt in nemoribus omnibus dictorum monachorum Sti Christofori tam in stratis publicis quam in omnibus aliis semitis minoribus et locis omnium predictorum nemorum, de consilio bonorum virorum et de assensu etiam et voluntate venerabilis viri Joannis, prioris Beate Marie de Caritate, et meo, inter me et dictos Priorem et monachos Sti Christofori ordinatum fuit et pacificatum in hunc modum, videlicet quod si servientes mei vel alii extranei homines qui non sint de familia vel de jurisdictione Sti Christofori vel Prioris de Charitate seu de domibus Prioratui de Caritate mediate vel immediate subjectis aliquem vel aliquos latrones, seu aliquos melleiam facientes in omnibus nemoribus dictorum monachorum seu in stratis dictorum nemo-

Bois de St-Christophe, mai 1256.

Accord entre le prieur et Pierre Choisel, relativement à la Justice des Bois ed St-Christophe.

---

¹ Mesleia. Rixe, batterie qui est le résultat du hasard et nullement d'un parti pris d'avance.

rum deprehenderint mea ex illis erit justitia. Et si servientes, hospites, vel homines dictorum Prioris et monachorum seu aliqui alii qui subditi sint Priori vel Prioratui de Caritate undecumque sint prius aliquem latronem vel aliquos latrones, seu aliquos melleiam facientes in predictis omnibus nemoribus dictorum monachorum Sti Christofori tam in stratis publicis quam in omnibus aliis semitis minoribus et locis omnibus nemorum predictorum deprehenderint, Prior et monachi Sti Christofori totam justitiam de ipsis malefactoribus plenariam habebunt. Si vero latrones deprehensi fuerint pro feris (? de ipsis habebo justitiam. Justitia autem latronum qui capti detinebantur, pro quibus controversia inter me et dictos Priorem Sti Christofori et monachos ejusdem loci mota fuit pro eo mihi remansit quod a servientibus Domini Regis et hominibus extraneis capti fuerant et deprehensi. Hanc autem ordinationem promisi de me et heredibus meis fideliter et firmiter in perpetuum bona fide tenendam et observandam. In cujus rei testimonium presentes litteras sigilli mei munimine communire dignum duxi.

Datum anno Domini 1256, mense Maio.

Bois de Saint-Christophe.

Afforty, t. X. 5295. (68 . AAAA, p. 17.

St - Christophe , mars 1259.

Pierre Choisel renonce à voler le bois de St-Christophe et maintient ses droits de gruier.

Je Mesires Pierres choisaux chevaliers et sires du Plaisier, a tous ceux qui ces lettre verront, salut en nostre segnor.

Je fais a scavoir que aucunes fois je et mes Peres avons pris du bois de Sainct-Christophe sans le congié au prieur, dont concience me reproche que je n'avoit nul droit et pour ce je leur quit et vuel que je ne mi oir ne poisent riens prendre on devant dit Bois de Sainct-Christophe desorenavant san leur congié, sans ce que je requiere que mi porcel noisent ou p isent ? en iceluy bois et sans le pegier [1] et le cendrier [2] et ma chose et mon gruache [3], et sans ce que se mes sergent viennent au forfait que li sergens Sainct-Christophe et li mien viennent ensemble, lamende est commune à moie et au Prieur de Sainct-Christophe, et en temoing de ces choses devant dittes, Je ai pendu mon scel eu ces presentes lettres en lan de IIncarnation nostre Segnor 1259 on mois de Mars.

Un past dû par Saint-Christophe.

Afforty, t. x, 5305. (78) AAAA, p 17. n* 36.

Ponpoint, novembre 1260.

Oudart Gouan renonce à un repas qu'il prenait au pr eu ré de St-Christophe.

Je Gautiers Begers meres de Pompoin et tous li Per de Pompoin faisons a

---

[1] Pedagium, péage (? ou pascairagium, pascagium, droit de faire paitre les porcs dans les bois.
[2] Cineragium, droit de brûler l'herbe dans le bois pour faire des cendres.
[3] Gruagium ou gruarium, droit que percevaient les gruiers en raison de leur charge de gruerie.

scavoir a tous ceux qui ces lettres verront que Oudart Gouen de Pompoin a reque-
neu devant nous dou plait qu'il avoit au Prieur et au moines et à leglise St-Christophe, cest ascavoir d'un past que demandoit au devant dict Prieur et aux moines et
a leglise Sainct Christophe le jor de la sain Christophe en esté, de quatre miches, de
demy septier de vin, d'une piece de chair, ou de deux flians [1], si temps nestoit de
chair manger, quil ne si oir ny avoit droit, et se droit il ne si oir y avoient, il le
quitte au devant dict Prieur et aux moines et a leglise en telle maniere quil ne veult
que il ne si oir doresenavant puissent rien demander pour la raison dudit past au
Prieur, a leglise ne aux moines de Sain Christophore et por ce que ce soit fet et estable,
a la Requeste dou devant dict Oudart, Nous avons mis nostre scel en ces presentes
lettres, en tesmoing des choses devant dictes.

Ce fut donné et fet en lan de lIncarnation Nostre Segnor mil deux cent et
soixante, on mois de Novembre.

Un past dû par Saint-Christophe.

Afforty, t. x, 5307. 80 , ibid n. 40.

Noë St-Remy, oc-
tobre 1260.

Jean de la Croix
renonce à un repas
qu'il prenait au prieu-
ré le jour de St-
Christophe.

Je Jehan abbé de St-Cornil de Compiègne fais ascavoir a tous ceux qui ces
lettres verront que Jehan de la Croix de Noë Sainct Remy, nostres hostes a recogneu
devant nous que du plait que il avoit au Prieur, au moines et a leglise de Sainct
Christophe, cest ascavoir dun Past que il demandoit au devant dict Prieur et au
moines et a lEglise de St-Christophe, le jor de Sainct Christophe en esté de quatre
miches, de demy septier de vin, dune piece de chair ou de deux flians se temps nestoit
de chair, quil ne ses oir ny avoent droit et se en avoient il le quittoit au devant
dict Prieur et aux moines et a lEglise en telle maniere quil ne veuil quil ne ses oir
doresenavant puissent rien demander par la raison dou past au Prieur ne a lEglise
ne aux moines de St-Christophe et pour ce que soit ferme et estable, a la requeste
dou devant dict Jehan nous avons mis nostre scel a ces presentes lettres en
tesmoing des choses devant dictes.

Ce fu fet en lan de lncarnation nostre Segnor mil deux cent et soixante on mois
doctobre.

Villemétrie. Cens et surcens de 5 sous parisis.

Afforty, t. x, 5292. 65 .

(Collationné aux Archives sur une mauvaise copie récente suivie d'une bonne traduction).

Villemétrie, mars
1261.

Pierre, dit Sarrazin,
et Marie, sa sœur,
enfants de Durand
Loiseleur, vendent
au prieuré 5 sous de
cens à Villemétrie.

Universis presentes litteras inspecturis officialis curie Silvan. salutem in

---

[1] Flamica, flamiche, espèce de galette qu'on faisait cuire en chauffant le four, ou flado, flan,
espèce de gâteau ou de galette.

4

Domino. Noveritis quod in nostra presentia constituti Petrus dictus Sarracenus
et Maria ejus uxor filii quondam Duranni Lorfelins recognoverunt se vendidisse
et in perpetuum quittasse religioso viro Priori et monachis Sti Christofori in
Halata quinque solidos paris. supercensus solvendos annuatim in festo Sti
Remigii, super domum et masuram suam dicte domui adjacentem, que domus et
et masura site sunt apud Villemetrie juxta domum Guillelmi *sutoris* ex una
parte et molendinum Domini Episcopi Silvanect. ex altera, pro sexaginta et
quinque solidis paris. de quibus se tenuerunt int graliter pro pagatis in pecunia
numerata; quam domum et masuram tenent ad rectum cen um a dictis religiosis
ut asseruerunt coram nobis, eamdem domum et ma uram pro dictis quinque solidis
paris. supradictis religiosis specialiter obligantes. Has autem conventiones et
venditiones prout superius sunt expre se voluerunt predicti Petrus et Maria ejus
uxor, et fidem dederunt in manu nostr cor r m quod contra predicta vel aliquid
de predictis per se vel per alium no ve ie in uturum, sed dictis religiosis
super dicta venditione legitimam portabunt g ra diam contra omnes secundum usus
et consuetudines Patrie. In cujus rei t t monium ad petitionem predictorum
presentibus litteris sigillum nostrum duximus pponendum.

Datum anno Domini 1261, mense Martio.

Maison et Jardin pris à cens à Saint-Christophe.

Afforty, t. X, 5309 82 ,

Mars 1263.

Simon Florea et
Emeline, sa femme,
prennent à cens une
maison sise à St-
Christophe, et enga-
gent en garantie une
autre maison conti-
güe à celle de Jean
le Charetier.

Universis presentes litteras inspecturis officialis curie Silvanectensis salutem in
Domino. Notum facimus quod in nostra presentia constituti Simon dictus Florea et
Emelina ejus uxor de Sto Christoforo recognoverunt se in perpetuum ad annuum
censum recepisse a viro religioso Priore Sti Christofori in Halata quamdem partem
domus cum Jardino pertinenti ad eamdem, que quidem domus fuit quondam Ade,
hominis, ut dicitur, beati Christofori pro quindecim solidis paris. singulis annis a
dictis Simone et ejus uxore vel eorum heredibus predicto priori seu monachis ibidem
commorantibus reddendis sub his terminis, videlicet sex solidos paris. in Assump-
tione B. V., sex solidos paris. in festo omnium Sanctorum, et tres solidos paris. in
Nativitate Domini; pro quibus quindecim solidis paris. predictis religiosis a dicto
Simone et ejus uxore vel eorum heredibus reddendis ut superius est expressum, ac
etiam persolvendis, obligaverunt domum sitam apud S. Christof. cum jardino retro,
sicut se comportat, contiguam domui Joannis le Charetier. Dicta vero Emelina
spontanea, non coacta quitavit predictis religiosis, quidquid habebat in predicta
domo et jardino ratione dotis seu donationis propter nuptias, quantum pertinet ad
obligationem predictam. Promiserunt autem dicti Simon et ejus uxor quod contra
premissa per se vel per alium non venient in futurum; imo, omnia et singula supradicta fideliter adimplebunt ac etiam inviolabiliter observabunt fide in manu nostra

prestita corporali. In cujus rei testimonium presentibus litteris sigillum curie Silvanect. duximus apponendum.

Datum anno Domini 1263, Mense Martio.

Deux arpents et d ni de terre au Corneiller.

Afforty, t. X, 5303 76 p. 15 31.

Universis presentes litteras inspecturis officialis curie silvanectensis salutem in Domino. Noverint universi quod in nostra presentia constituti *Guillermus de Pomponio*, armiger, filius quondam *Guilonis de Pomponio*, militis, et *domicella Maria*, uxor ejus coram nobis recogi overunt se vendidisse ac in perpetuum quittasse Priori et ecclesie Sti Christofori in Halata, duo arpenta et dimidium terre site in territorio Sti Christofori ad locum qui dicitur le *Corniller*, quam terram habebant, ut dicebant, contiguam culture terre supradicte ex una parte, que quidem terra et cultura site sunt ut dicitur subtus jardinum Prioris antedicti, que terra movet, ut dicitur, de feodo Ecclesie Sti Christofori supradicti; que venditio facta fuit, ut dicitur, pro decem libris turonensibus sibi quitis, de quibus recognoverunt sibi a dicto Priore satisfactum fuisse in pecunia numer a renu tiantes specialiter et expresse exceptioni non numerate pecunie, non tradite, non solute, omni juris auxilio canonici et civilis et omnibus exceptionibus quibus possent predictum Priorem, successores suos aut Ecclesiam Sti Christofori super dicta venditione et quittatione aliquatenus molestare. Dicta vero domicella Maria, uxor dicti Guillermi quidquid in predicta terra habebat vel habere poterat jure hereditario, ratione dotis, dotalitii, donationis propter nuptias seu alia ratione quacumque, predictis Priori et Ecclesie Sti Christof. coram nobis in perpetuum quitavit spontanea voluntate, non coacta. Promiserunt autem sepedicti Guillermus et ejus uxor in manu nostra fide prestita corporali quod contra venditionem hujusmodi per se vel per alium non venient in futurum ; immo predictis Priori et Ecclesie Sti Christofori, successoribus ipsius prioris et omnibus ab ipsis super premissis causam habentibus legitimam portabunt garandiam contra omnes sub fidei religione antedicta supponentes se specialiter et expresse jurisdictioni curie Silvan. quantum ad premissa fideliter et inviolabiliter observanda et adimplenda. In cujus rei testimonium presentibus litteris sigillum curie Silvanectensis duximus apponendum.

Datum anno Domini millesimo ducentesimo sexagesimo quinto, mense Martio.

Mars 1265.

Guillaume de Pompoint, vend au prieuré deux arpents et demi de terre à St-Christophe.

Maison à Saint-Christophe.

Afforty T X. 5304 (77) p. 15. n. 32.

Universis presentes litteras inspecturis officialis curie silvanectensis salutem in domino. Noverint universi quod in nostra presentia propter hoc constitutus *Foubertus* dictus le *Fuizelier*, civis silvanectensis coram nobis recognovit se donatione

Juin 1265

Foubert, dit le Fuizelier, et Hellende, sa femme, donnent une maison au prieuré.

facta inter vivos in puram eleemosynam dedisse et con   e t in perpetuum quitasse
Ecclesie beati Christofori de Halate, Belvacensis ıece s, qu mdam masuram
sicut se comportat, quam habebat pud Stum Chr   um contıguam masure
Guiardi nepotis ipsius Fouberti e< una parte, et m sur A c   Latabonde ex altera,
quam donationem, concessionem et quitationem v   ud vıt, et approbavit
Hellendis uxor dicti Fouberti, et quidquid juris h eb   n pre ta masura ratione
dotis, dotalitii, donationis propter nuptias, seu quacum   e l a r tıone, dictis Ecclesie
et conventui quitavit coram nobis in perpetuum, spon   ne , n n coacta. Promiserunt
autem dicti Foubertus et Hellendis ejus uxor q od contra prem'ssa vèl aliquid de
premissis per se vel per alium non ven ent in fut   m.

Datum anno Domini millesimo ducentesimo ex gesımo quinto, mense Junii.

Villemétrie. Cens de 7 d. parisis et surcens de 31 sous 7 den. parisis.

Afforty, t. x, 5293-4. (66 67). Archives de Saint Christophe, 1 ' cahier, cotte 4, A, p. 14, n° 2.

(Collationné aux Archives sur une copie récente .

Février 1271.

Guiard,dit Baterel, vend à Pierre, prieur de St-Christophe, 31 sols et 7 denièrs parisis de surcens, sur plusieurs héritages sis à Villemétrie.

Universis presentes litteras inspecturis , officialis curie Silvanectensis salutem in Domino sempiternam. Notum facimus quod in nostra presentia personaliter cons-titutus *Guiardus* dictus *Baterel*, civis Silvanectensis, recognovit se vendidisse et in perpetuum quitavisse religioso et honesto viro fratri *Petro*, Priori Sti Christofori Cluniac. ordinis, Belvacensis diecesis, triginta unum solidos et septem denarios pa-ris. annui supercensus, de quibus idem Guiardus annuatim percipiebat, ut dicebat, viginti unum solidos super quadam masura et super quadam pecia vinee ad dictam masuram spectante, sita apud Vıllammeintrie, contigua ruelle per quam itur de Vil-lameintrie in campaniam, ex parte una, et vinee liberorum Henrici fabri ex altera, et tres solidos et octo denarios paris. super quadam area orti, sita apud Villammein-trie, contigua orto liberorum Fulconis Parmentarii ex parte una et orto Guiardi de Villameintrie armigeri ex altera, et undecim deuarios paris. super eodem orto li-berorum predicti Fulconis, et tres solidos paris. super masura Simonis Textoris, sita apud Villammeintrie, ante pontem, et tres solidos paris. super masura Odonis Furnarii, contigua dicte masure predicti Simonis, que omnia movent, ut dicebat' dictus Guiardus, de censiva et dominio supradicti Prioris ad septem denarios paris. censuales in festo natalis b. Joannis baptiste annuatim persolvendos, et ad tres quar-terios avene et ad tres pictas ' paris. in medio Martii annuatim persolvendos et ad septem pictavinatas * paris. in festo beati Christofori annuatim persolvendas. Que venditio facta fuit pro viginti libris et octo solidis paris. de quibus jam dictus Guiar-dus recognovit coram nobis, a memorato Priore in numerata pecunia sibi plenarie

⸻

' Picte, menue monnaie poitevine.
' Idem quod picta.

fuisse satisfactum. Renuntiavit autem dictus Guiardus in hoc facto exceptioni non numerate pecunie, non solute, non tradite, non recepte, omni Juris auxilio canonici et civilis, exceptioni doli mali, fraudis, deceptionis, et aliis omnibus exceptionibus, rationibus, defensionibus et allegationibus juris et facti specialis et communis que contra presens instrumentum possint objici vel opponi. Promisit insuper prenominatus Guiardus fide in manu nostra prestita corporali, quod contra venditionem et quittationem hujusmodi per se vel per alium seu alios non veniet in futurum. Imo, sepedicto Priori ejusque successoribus quibuscumque et omnibus ab ipso causam habituris in posterum in premissis legitimam imperpetuum portabit garandiam contra omnes. Asseruit preterea prenominatus Guiardus coram nobis quod ipse superscriptos triginta unum solidos et septem denarios paris. vendiderat antedicto Guiardo de Villemeintrie armigero, pro pretio supradicto, sed dictus Prior, ut dicebat idem venditor, eamdem venditionem retraxit tanquam Dominus a quo movebant omnia supradicta, prout superius sunt expressa. In quorum omnium testimonium et munimen ac perpetuam memoriam sigillum Silvanect. curie presentibus litteris duximus apponendum.

Datum anno Domini millesimo ducentesimo septuagesimo primo, mense Februario.

Vidimus de la confirmation faite par le roi Philippe le Hardi de la transaction passée entre le Gruier de la forêt d'Halatte et les Prieurs et Couvents de la Charité-sur-Loire et de Saint-Christophe au sujet de l'usage et du droit de gruerie dans une pièce de bois appelée Li Deffois.

Afforty, t. X, 5295, t. XVI, p. 49-50 [1].

Universis presentes litteras inspecturis, officialis curie Silvanectensis salutem in Domino.

Noverint universi quod nos anno Domini $\text{M}^\circ\text{CC}^\circ\text{LXX}^\circ\text{II}^\circ$ die lune ante Nativitatem Domini vidimus litteras illustrissimi Philippi, Regis Francorum, sigillatas in hec verba :

Philippus Dei gratia Francorum Rex, notum facimus universis tam presentibus quam futuris, quod nos, litteras Prioris et conventus de Caritate sigillis eorum et Prioris sui Sti Christofori de Halata sigillatas vidimus in hec verba :

Universis presentes litteras inspecturis Frater Milo umilis prior de Caritate totusque ejusdem loci conventus, salutem in Domino. Notum facimus quod cum contentio esset inter Philippum, Dei gratia Regem Francorum illustrem, et Johannem de Plesseyo, gruarium in foresta de Halata, ex una parte, et Petrum, Priorem Sti Christofori et monachos loci ejusdem, qui nobis, Priori de Caritate et conventui

Décembre 1271.

Transaction entre le gruier et le prieur au sujet du bois du Deffois.

---

[1] La transaction et le vidimus sont conservés aux Archives de l'Oise.

subsunt, ex altera, super eo quod Johannes gruarius foreste de Halata filius
quondam Domini Petri de Plesseyo, militis, dicebat pro se et domino Rege predicto
dictum Priorem Sti Christofori excedere utendo de quodam nemore sito in foresta
de Halata, quod nemus vocatur li Deffois Sti Christofori, utendo in eodem nemore
alio modo quam debebat; in quo etiam nemore idem Prior dicebat se habere vivum
nemus *hac* mortuum ad ardendum in Prioratu suo et in membris, et ad edificandum
in dicto Prioratu et in domibus pertinentibus ad dictum Prioratum ac ad omnia sibi
necessaria faciendum in Prioratu suo et in membris. Item dicebat idem Prior se
habere in dicto nemore, qualibet die, unam quadrigam oneratam nemore et quod
eam poterat ducere illa die ad unum equum apud Silvanectum et ibi eam vendere
totiens quotiens illa quadriga de bosco apud Silvanectnm ire poterat et redire illa
die. Dictum tamen nemus idem Prior alio modo vendere non poterat, ut dicebatur,
ex parte Regis et Gruarii, sine assensu Regis, nec donare, et si illud fortasse de
assensu Regis venderet, Rex *tertiam partem* haberet, Prior vero, *duas partes*, et
Johannes gruarius predictus, *vicesimam partem* totius pretii, quam capere debebat
idem gruarius totaliter et integraliter in parte Prioris, ita tamen quod Rex haberet
tertiam partem suam sine diminutione aliqua, et due partes Prioris essent onerate
de toto gruagio. Contra dicebat idem Prior quod dicta nemora ad ipsum pertinebant
pleno jure, et quod Rex vel gruarius nichil habere debebant in eisdem. Tandem
Matheus Dei gratia Sti Dionysii abbas, et Simon de Nigella, miles, locum Domini
Regis tenentes, pro Domino Rege et vice ipsius, et Johannes gruarius pro se ex una
parte, Prior vero Sti Christofori pro se et prioratu, de assensu et voluntate nostris
expressis, quibus subest, ex altera, videns idem Prior et nos quod illud nemus
parum utilitatis Domino regi prestabat, quia vendi non consueverat, et Priori ad
magnam utilitatem non cedebat usus quem ibi habebat, composuit idem Prior cum
Domino abbate et Domino Symone de Nigella locum Domini Regis tenentibus, ac
etiam cum gruario supradicto sub hac forma. Videlicet quod dictus Prior habebit
imperpetuum quinquaginta quinque arpenta de illo nemore, quod sibi in uno certo
loco bornabitur, dum tamen non sit in medio, que poterit vendere quandocumque et
quotienscumque voluerit et sibi placuerit, libere et cui voluerit, et in illius vendis,
Rex sive gruarius nihil habebunt, neque foreste venditores, et illa dicta quinquaginta
quinque arpenta poterit expletare pro sue libitu voluntatis. Item, residuum nemoris
predicti vendetur sic quia de triennio in triennium vendentur per Priorem vel per
Regem si Prior non velit vendere de illo nemore sexaginta octo arpenta vel circiter.
Poterit etiam dictus Prior vendere et tradere dicta sexaginta octo arpenta sicut
dictum est, sine Rege et sine grato et assensu venditorum foreste, et in dicta venda,
dicti venditores foreste aliquid non habebunt, et teneatur idem Prior denunciare
Ballivo vel Preposito Silvanectensi venditionem infra octo dies postquam eam
fecerit, et si Rex invenerit infra quadraginta dies computandas a die denuncia-
tionis, qui plus velit dare vel carius emere dictum nemus, Ballivus vel Prepositus
poterunt, non obstante venditione Prioris, illud nemus vendere et tradere plus
offerenti. Quadraginta vero diebus pendentibus, si Ballivus vel Prepositus non
invenerint qui plus offerat, termino predicto elapso, venditio Prioris firma rema-

nebit, et in illa venditione ac etiam in guaritatione [1], si facta fuerit, sive in manu Ballivi, sive Prepositi, vel etiam in manu Prioris, Rex habebit tertiam partem, Prior vero duas partes, et recipient Ballivus vel Prepositus pro Rege, et Gruarius pro Gruagio suo et Prior pro se Plegios de pretio venditionis quilibet pro parte sua. Prior autem, sive membra Prioratus non habebunt de cetero in nemore quod remanet sibi et Regi, prout dictum est superius, aliquid sive ad ardere, sive ad edificare sive ad alia sibi necessaria facere, neque quadrigam habebit idem Prior quam consueverat ibi habere qualibet die ad unum equum et ducere oneratam nemore apud Silvanectum et ibi eam vendere quotiens per diem ibi ire poterat et redire dicta quadriga. Item in dicto nemore ubi Rex habebit tertiam partem venditionis, Prior vero duas partes, Prior nullum habebit pasturagium donec nemus habebit a tempore abscisionis septem annos. Gruarius vero qui consensit predicte compositioni habebit *vicesimum denarium* sicut consuevit capere et habere in nemoribus militum et nobilium que sunt in foresta. De justiciis vero, Pasturagio, parnagio [2] et garenna nichil est determinatum nisi hoc modo quod Rex, Prior et ejus homines et Gruarius utentur predictis sicut uti consueverunt, quia super hoc non erat aliqua questio mota inter partes. Nos vero, Prior de Caritate et conventus loci ejusdem, et Ego Frater Petrus, Prior Sti Christofori qui compositionem feci, videntes cedere istam compositionem ad utilitatem Prioratus de Sto Christoforo et membrorum dicti Prioratus, consideratis circa hec omnibus et singulis que consideranda erant, habito diligenti tractatu huic compositioni consentimus et volumus quod imperpetuum firma remaneat, et ad eam tenendam nos Domino Regi et Gruario per presentem cartam obligamus, que siquidem carta tribus nostris sigillis est sigillata.

Actum anno Domini м°cc°lxx°, mense Martio.

Nos vero predictam compositionem et omnia premissa prout superius continentur volumus, concedimus, et rata habemus, et eadem auctoritate regia confirmamus, salvo jure in omnibus alieno. Quod ut ratum et stabile permaneat in futurum, presentibus litteris nostrum fecimus apponi sigillum. Actum Parisiis, anno domini millesimo ducentesimo septuagesimo primo, mense Iunio.

(Le scel et ses attaches ôtés. Afforty).

Titre nouvel de trois mines de blé de rente au jour Saint-Remy, dues à Saint-Christophe par Guillaume de Blaincourt, écuyer.

Afforty, T X. 5304 (77) et XVI, 151. Archives de Saint-Christophe, 2ᵉ cahier, cotte 4.

Je Guillaume de Belaincourt escuyer, fais a scavoir à tous ceux qui ces présentes

Avril 1274.

Guillaume de Blaincourt se reconnaît débiteur d'une rente de trois mines de blé

---

[1] Sans doute *carricatione* ou *carrigatione,* action de charrier ; je ne vois aucun sens à l'autre forme et je ne l'ai trouvée nulle part.

[2] Parnagium seu pasnagium, droit de faire paître les porcs dans les forêts.

lettres verront et orront que je dois au Prieur et aux moines de l'Eglise de Sainct-
Christophe en Halate trois mines de blé de rente a toujours, lequel blé je assis sur
tous mes heritages et ay promis le devant dit blé a rendre chacun an a la fête
Saint-Remy en octobre, lequel blé je li dois rendre à Belaincourt a la mesure de
fresnoy et s'il avenait que Je ou mes oir défault fient du paiement de la rente dessus
ditte au terme de lannée qui est dessus nommé, Je veut, octroye et moblige a ce que
le Prévost dou Roy me puisse contraindre et justicier ad ce que la devant ditte rente
soit paiée au terme dessus nommé.......... n'en puisse avoir sa court si ce n'est de
lassentement le Prieur devant dit, et pour ce que ce soit ferme chose et estable
à touiours, Je ces présentes lettres ay scellé de mon scel. Ce fut fait en lan de lincarnation Jesus Christ mil deux cent soixante et quatorze, au mois d'apvril.

A ceste lettre sceller furent telles personnes, mestre Guillaume de Baleigni et
Jacques Prévost, et Hémard de Nogent, et M⁰ Fremin, chapellain de Belaincourt, et
Jehannes de Nogent et Robert Colonbe et Pierre Maillard, chapellain dou Plessier,
et M⁰ Jehan, le clerc au Prévost ; et por ce que le blé n'est pas payé tel comme il
doit payer, le blé doit être sain et moitéen de grain et au tel grain des arréraiges.

Lettres de l'official de Beauvais au sujet de terres et héritages vendus à Saint-
Christophe par Novion de Rieux et sa femme Agnès.

Afforty, T. X, 5308 (81) et XVI, 179-80. Archives de St Christophe-en-Halatte, 2⁰ cahier, cotte 4, A.

1275.
Agnès de Rieux
reconnaît la cession
de tous droits faite
par elle et son mari
sur des biens sis à
St-Christophe.

Universis presentes litteras inspecturis, officialis curie Belvacensis, salutem in
Domino. Noverint universi quod coram nobis constituta Agnes, relicta Noviondi
de Rieu, recognovit se quitasse et concessisse Priori Sti-Christofori de halata
quidquid juris habebat vel habere poterat ratione dotis, dotalitii seu donationis
propter nuptias, vel altera ratione, in tota terra seu hereditate quam dictus
Noviondus habebat vel habere poterat in villa et territorio Sti-Christofori de halata,
tempore contracti matrimonii inter ipsos Noviondum et Agnetem ubicumque et in
quibuscumque rebus consistat et consistere possit pro sexdecim libris paris. de
quibus dicta Agnes fide data, quod contra quictationem et concessionem predictas,
per se vel per alium non veniet in futurum, et quod in premissis nichil de cetero
reclamabit vel faciet reclamari quacumque ratione, et maxime ratione dotis, dotalitii
seu donationis propter nuptias, vel altera ratione, et de legitima garandia ferenda
dicto Priori et ejus successoribus dictum Prioratum tenentibus, ad usus et
consuetudines patrie contra omnes, etc.

In cujus rei testimonium, presentes litteras sigillo curie Belvacensis fecimus
communiri.

Datum anno Domini MᵉccᵉLxxvᵉ die Martis ante Ascensionem Domini.

Lettre de Simon de Fouilleuse, chevalier, au sujet d'une maison scise à Rieux,
appartenante à St-Christophe en Halatte.

Afforty, t. X, 5306 (79 et XVI, 179. Archives de St-Christophe, 2ᵉ cahier, cotte 4, A.

A tous ceulx qui ces presentes lettres verront et orront, nous Simons de Feulleuses chevalier fais ascavoir que Je sui tenus a delivrer au Prieur et aux moines de Saint-Christophe lor mesure mansura] de Riu devant le montier dedans les trois semaines de la..... prochaine qui vient, en telle manière : Je sui tenus a delivrer la mesure devant ditte audit Prieur et aux moines *suivant la promesse* et devise qu'ils ont de moy, et de ce fere sont Pleges messires Simons de Villers (St-Paul) et messire Thibaut de Folleuses, chevalier, a tenir prison a Creil si que defaloye de ce faire, et por ce que soit ferme et estable, nos avons ces presentes lettres scelle de notre scel. Ce fut fet en lan de grace mil deux cent soixante et quinze, le mardy devant la St·Lorens.

Août 1275 et Juin 1276.
Simon de Fouilleuse renonce à tous ses droits sur une maison sise à Rieux.

Egidius de Courcellis, Baillivus silvanectensis, Preposito Clarimontis salutem. Mandamus vobis quatenus ea que in litteris presentibus hiis annexis continentur, exequamini et exequi faciatis loco nostri, prout justum fuerit, diligenter.

Datum anno Domini mᵒccᵒ lxxviᵉ die Dominica in octavis Pentechostes.

On voit qu'alors Clermont était du ressort du Bailliage de Senlis. (Note d'Afforty).

Maison à Rieux.

Afforty, t. XVI, 207. Archives de Saint-Christophe, 2ᵉ cotte 4, A, p. 12, nᵒ 23.

Universis presentes litteras inspecturis magister Simon de Villaribus, quondam filius defuncti Guiardi dicti de Bituris, armigeri, salutem in Domino. Noveritis quod nos, voluntate spontanea, non coacta, non vi seu dolo inducti, immo certa scientia imperpetuum quittavimus coram discreto viro Egidio, dicto de *Courciaux,* Baillivo Silvanect. in plena assisia apud et in presentia militum ibidem assistentium et etiam quitamus Religiosis viris priori Sti Christofori de Halata et ejusdem prioratus monachis, Cluniacensis ordinis, Belvacensis diœcesis, et eorum Ecclesie omne jus, dominium, proprietatem et omnem actionem realem et personalem, utilem et directam quod et quam habebamus et habere poteramus et debebamus in quadam domo sita apud Riu, juxta ecclesiam de Riu, cum horto et appenditiis ejusdem domus quacumque ratione existat, exceptis redditibus inferius nominatis, videlicet una mina avene et duodecim denariis reddendis in festo beati Dionysii, et uno quarterio vini in vindemiis tantum modo, volentes et concedentes quod Prior et monachi predicti, dictam domum cum ejus appenditiis in manu mortua quiete et libere ac pacifice in perpetuum teneant et possideant et ad hoc omnia et singula firmiter et imperpetuum observanda, nos et heredes et nostros et omnia bona nostra presentia et futura, mo-

Septembre 1276.
Simon de Villers renonce à tous ses droits sur la maison de Rieux, réserve faite d'un léger revenu.

5

bilia et immobilia, acquisita et acquirenda ubicumque existentia iisdem obligamus et promittimus bona fide quod contra quitationem hujusmodi quoquo jure de cetero nullatenus veniemus. Immo, eisdem religiosis domum ipsam cum ejus appenditiis garendizabimus et defendemus in judicium contra omnes. In quorum premissorum testimonium et munimen ac perpetuam memoriam, sigillum nostrum presentibus litteris duximus apponendum.

Datum anno Domini M°CC° septuagesimo sexto, die Veneris ante Nativitatem beate Marie Virginis.

Maison et vignes à Rieux.

Afforty, T. X, p 5311 (84. XVI, 215

Novembre 1276.

Le prieur Jacques
loue à Garnier de la
Couture la maison de
Rieux et 4 arpents
de vigne pour 15 ans.

A tous ceux qui ces presentes lettres verront ou oiront, nous *Jacques*, prieur de St-Christophe faisons ascavoir que nous avons baillés a *Garnier de la Couture* la maison de Riu et les vignes derrière la maison et en tout quatre arpents de vigne hors l'appartenance de la maison *Garingue* a Bernouille; et est a scavoir que nous avons baillé au devant dit *Garnier* la devant ditte m ison a quinze ans sur telle manière que ledit Garnier doibt les devant dittes vi nes am nder c cun an de qu tre cent et cinquante hostées de fumier, et doit li dit Garnier monstrer lamendement au Prieur ou a homme establi de par soy, et doibt iceluy Garnier rend e a maison en tel estat comme il la trouvera de couverture et si il y faut penne ¹ ne souspenne ne chevron ne autre, le Prieur li doit envoyer et li dis Garnier le doit faire mettre en œuvre pour li, un merien et des passoirs sil y faut [li Prieur] les li doib trouver et faire amener en sa maison et li dis Garnier les doibt faire mettre en eux e a son propre despens et par les devant dittes as chantier; li Prieur doibt deux cent et demy de javelles ² de charoirs ³ chacun an, rendues au Port de Ryu, et la moitoine ⁴ des essues des devant dittes vignes, li dis Garnier doibt rendre au Prieur ou a son commis, demeurant en lad° maison, et est ascavoir que nous avons baillé au devant dict Garnier trois grandes cuves et deux petites, lesquelles estoient en notre maison, lesquelles li devant dit Garnier nous doibt rendre au tel point comme il les trouvera au chef de cette année; et de cette convention sont Pleges *Arnoult de la Court, Guillaume Bellart,* *Collart Bellart, Renier de la Court,* et doit li dis Garnier *rendre les* pressoirs franches et les mettre Arnoul s'est plest au Prieur. Et à ceste convenance furent maistre Arnoul, Baudouin, de Laitre, Droart le Plastrier, Arnoul le Petit.

Ce fut fait en lan de grace mil deux cent soixante et seize le jour de feste

---

¹ Penne, solive, merrien ou merrian, bois de construction, de merenium, merenum. Passoirs, paxillus ou passillus, échalas?

² Javella, fagot, javelle.

³ Charreria, opera carri domino debita, corvée de charroi (Maigne d'Arnis)

⁴ Moitonnus, moiton, mesure de grain, ou mieux medietas, moitié?

St Clément. En tesmoing de laquelle chose nous avons ces présentes lettres scellé de notre scell.

Dixme de Saint-Pierre de Pompoing.

Afforty, T X. 5309 82 T. XVI, 247 8.

Omnibus hec vi uris *G. Decanus* et capitulum Belvacense salutem in Domino. Notum facimus quod cum controversia verteretur inter nos Decanum et Capitulum Belvacense ex una parte, et Priorem Sti Christofori in Halata super quibusdam decimis quarum am terrarum sitarum in parrochia Sti Petri de Pomponio et in confiniis dicte Parrochie seu in erritorio dicte ville et locis circum adjacentibus, quas decimas nos decanus et capitulum dicebamus ad nos pertinere et non esse et fuisse in possessione vel quasi percipiendi dictas decimas et habendi, dicto Priore in contrarium asserente, tandem de bonorum consilio et pro bono pacis, composuimus nos predicti decanus et capitulum et Prior prelibatus habens potestatem et mandatum spec a e comprom t e di a venerabili Patre suo, Priore de Caritate cui immediate subjectus est, in a b ros arbitratores seu amicabiles compositores, scilicet in venerabilem virum et discretum *Gh.* archidiaconum suessionensem a nobis Decano et capitulo e ectum, e in reli͜iosum virum Stephanum, Priorem Sti Lupi d'Esserens a dicto Priore de Halata electum, qui arbitri predicti onus compromissi predicti in se susceperunt, volentes et concedentes quod duo dicti arbitri arbitratores seu amicabiles compos tores de plano jure et sine strepitu judicii diebus feriatis et non feriatis, partibus presentibus vel ab entibus, vocatis tamen, de dicta causa sive discordia possint c gno c re et etiam pace vel judicio alto et basso sub sue libito voluntatis infra A umptionem Be e M rie Virginis instantem nisi de consensu partium terminent. Si vero in unam nequiverint sententiam concordare vel non fuerit processum in arbi rio s ue l definitivam se tentiam infra terminum suprascriptum vel infra prorogationem si conti͜erit terminum prorogari, nos predicti decanus et capitulum ac etiam prior predictus de Halata, de communi consensu nostro eligimus virum venerabilem et discretum magi trum *Nicolaum de Bestisiaco,* archidiaconum minorem *Caleti* in Ecclesia Rothomagensi arbitrum arbitratorem seu amicabilem compositorem, cui dicti duo arbitri totum processum cum discordia, si discordia inter ipsas fuerit, tenebuntur tradere, et dictus magister Nicolaus cum dictis arbitris dictum negocium seu potius discordiam alto et basso pace vel judicio, pro sue libito voluntatis infra instans Natale Domini totaliter definire. Promittentes bona fide et sub pena centum librarum argenti parti observanti dictum arbitrium sive

Avril 1277,

Le chapitre de St-Pierre de Beauvais et le Prieur de St-Christophe nomment des arbitres pour ré-gler leur différent au sujet des dîmes de Pontpoint.

ı Je laisse à Afforty la responsabilité de l'orthographe de cet acte, ainsi que de plusieurs autres qui précèdent et suivent. Elle a été évidemment très-améliorée.

ordinationem a parte resiliente ab arbitrio reddendarum, nos inviolabiliter servaturos quidquid per dictos duos arbitros vel per tertium desuper electum cum dictis duobus arbitris super dicta discordia seu contentione dictum fuerit, arbitratum seu etiam ordinatum. Actum est etiam inter me Decanum et Capitulum et Priorem de Halata quod sententia lata et interdicta in quascumque personas sive loca ad instantiam partium sive de facto, sive de manibus arbitrorum de Jure pendente, arbitrio supra dicto relaxentur et quod res litigiose cum tota discordia durante, compromisso predicto sint et remaneant in manibus arbitrorum. In cujus rei testimonium presentibus litteris sigillum nostrum duximus apponendum.

Datum anno Domini MᵒccᵉLXXVIIᵒ die Jovis post Pascha.

Maisons et vignes à Cinqueux.

Afforty, t. X, p. 5311 (84), t. XVI, 215.

Novembre 1276.

Location de la maison et des vignes de Cinqueux à Huilart.

A tous ceux qui ces présentes lettres verront et oiront nous *Jacques* Prieur de St-Chrisophe faisons ascavoir que nous avons baillé a *Huilart* de *Saintquex* notre maison de Saintquez, a tout quatre arpens de vignes et demye et est ascavoir que nous avons baillé au devant dit Huilart la devant ditte maison a neuf ans, en telle maniere que le devant dit Huilart nous doibt tous les ans rendre seize muids de vin, cest ascavoir dix muids de blanc et six muids de rouge en tel maniere que le pressourage doit tous estre ausdits Huilard et les dits Huilard doibt pressoirier les moictures¹ au Prieur franches, etc. En tesmoing de laquelle chose nous avons ces presentes lettres scellées de nostre scel.

Ce fut fait en lan de grace mil deux cent soixante et seize le jour de feste de St-Clément.

Menues dixmes de St-Pierre Pontpoing.

Afforty, t. XVI, 265.

Avril 1278.

Location des menues dîmes de Pontpoint.

En lan de grace mil deux cent soixante et dix-huit ou mois d'Apvril acheta *Pierre de la Chapelle* et *hersans* sa femme, la mesnue dixme de lin et de chanvre que le Prieur de Sain Christophe avoit sur Pompoing pour soixante et quatorze solz cest ascavoir a trois ans, a païer chascun an vingt quatre solz huit deniers, cest ascavoir a

---

¹ Mustura, moûture ou moissina, moissine? Il s'agit évidemment du raisin que le Prieur avait a faire pressorer.

la Toussaint, et de ce sont Pleges *Mahon de Launoy, Pierre* son frere, *Simon Melles,* tesmoing *Raoul d'Auviler, Denise de Ville, Simonet* le fils, Jean Caignan.

Menues dixmes du Plessier et de Lagny le Secq.

Afforty, t. X, 5312 85 , t. XVI, 262.

En lan de grace mil deux cent soixante dix sept, landemain de Paques, bailla *Jacques,* Prieur de St Christophe a monseignor Perain Cure dou Plesier le vicomte les menues dixmes dou Plessier et de Lagny le Secq, cest ascavoir a trois ans pour [dix] huit livres parisis et doit rendre par chascun an six livres cest a scavoir a Paques soixante solz, et a la Toussaint ensuivant soixante solz. Ses Pleges *Jehan de Vilers,* demeurant au Plessier et *Gautier,* le doïen de Meaux, son frère.

1277.

Location des menues dîmes du Plessier et de Lagny.

Dixmes de Saint-Pierre Pompoing.

Afforty, t. X, 5310 (83), t. XVI, 272.

Universis presentes litteras inspecturis *Stephanus* Prior *Sti Lupi de Esserento* et *Gh.* archidiaconus *suessionensis* salutem in Domino.

Notum facimus quod cum super decimis terrarum religiosi viri Prioris Sti Christofori in halata sitarum in territorio de Pomponio, de quibus erat controversia inter venerabiles viros Decanum et Capitulum Belvacense, ex una parte et predictum Priorem ex altera, in nos sub certa forma compromissum fuisset, interveniente auctoritate et consensu religiosi viri Prioris de Caritate, cui subest immediate predictus Prior, dictis Decano et Capitulo adserentibus ad se decimas pertinere predictas, et se fuisse in possessione dictarum decimarum, et tandem per predecessorem dicti Prioris injuste spoliatas fuisse. Dicto vero Priore confitente dictos Decanum et Capitulum habuisse et percepisse dictas decimas quoties a colonis colebantur terre predicte, negante tamen dictos Decanum et Capitulum esse vel fuisse in possessione dictarum decimarum quando propriis sumptibus colebantur, nec se tunc teneri ad prestationem dictarum decimarum, et hoc, auctoritate privilegiorum sedis Apostolice, quibus in hac parte se dicebat munitum. Tandem nos virtute compromissi in nos facti in Christo legitime procedentes auditis hinc inde propositis et examinatis partibus, testibus, exquisitis etiam voluntatibus partium predictarum ad decisionem negotii die Martis ante festum Apostolorum Simonis et Jude, dicto priore personaliter, et *Mattheo* capellano in Ecclesia Belvacensi procuratore dictorum Decani et Capituli comparentibus coram nobis apud *Villam novam in Hatrio* [1], pro bono pacis processimus in hunc modum. Ordinamus siquidem et definiendo pronuntiamus

Octobre 1278.

Sentence arbitrale du prieur de St-Leu et de l'archidiacre de Soissons, au sujet des dîmes de Pontpoint.

---

[1] La Neuville en Hez.

quod Prior Sti Christofori qui jam circiter quindecim arpenta de dictis terris per permutationem posuit in manibus laicorum, singulis annis dictas terras nunc ad se pertinentes excoluerit propriis sumptibus in futurum et successores sui qui pro tempore fuerint solvent dictis Decano et Capitulo nomine dictarum decimarum terrarum predictarum apud Pomponium infra octavas Sti Martini hyemalis viginti solidos parisienses annuatim, nec amplius petere poterunt dicti Decanus et capitulum ratione dictarum decimarum a dictis priore et successoribus suis quando dicte terre suis sumptibus excolentur, nec dictum priorem seu successores ipsius de cetero super dictis decimis per se vel per alium molestabunt, salvo jure dictorum decani et capituli in decimis dictarum terrarum quoties culte fuerint a colonis.

Actum et dictum die Martis predicto, anno Domini m°cc°Lxxviii°.

Droits du prieur et du curé de St Pierre Pompoing.

Afforty, t. X, 5311 84), t. XVI, 273

Sans date *.

Droits particuliers
du Prieur et du Curé
de Pontpoint sur les
menues dîmes de
l'autel de Pontpoint.

Notandum sit omnibus tam presentibus quam futuris quod in ecclesia *beati Petri de Pomponio* talia jura continenda sunt monachis Sti Christofori que infra dicuntur. Ad altare beati Petri sacerdos illius ecclesie nunquam faciat missam nisi de licentia Prioris B. Petri sive monachorum. Ad annalia festa Prior sive monachi debent celebrare divinum officium ad altare beati Petri, et de beneficio quod offeretur mediatatem habent monachi et mediatatem sacerdos, exceptis candelis quarum duas partes habent monachi et tertiam sacerdos. A Natali Domini usque ad tertium decimum diem oblatio que offeretur in istis diebus inter eos dimidiatur. Ad festum beate Marie *Candelarie*, de omnibus candelis duas partes habent monachi et tertiam sacerdos, et de alio beneficio unusquisque medietatem. De aliis vero candelis que singulis diebus offerentur sive in *purificatione mulierum* sive in *baptismate infantium* medietatem habent monachi et medietatem sacerdos, exceptis illis que post Evangelium offeruntur ad manum sacerdotis que proprie sunt sacerdoti. In *sponsatione* vero cerei sive candele que offerentur inter eos dividantur. In *Ramis Palmarum* et in die *Parasceve* et in *vigilia Pasche* et in die Pasche omne officium pertinet monachis faciendum excepto hoc videlicet communicare gentes, quod pertinet sacerdoti, ad *festum beatorum apostolorum Petri et Pauli* et ad *vincula beati Petri* beneficium quod offertur totum est monachis nullo participante. In *Dedicatione* Ecclesie beati Petri totum officium pertinet monachis et beneficium inter eos dividatur, beneficium vero quod offertur ad altare beati Petri sive cera sive candela sive aurum sive argentum vel quodcumque offeratur totum est monachis, nullo participante.

---

* Cette pièce porte le n° 52 dans le registre des chartes et titres relatifs à la fondation et aux revenus de St Christophe, et suit immédiatement l'acte de location de la maison de Cinqueux à Huilart. L'expression Prior Beati Petri doit donc se rapporter au Prieur de St-Christophe, propriétaire de l'*autel* ou de l'Eglise St-Pierre de Pontpoing.

Dixme de Sailleville et Laigneville.

Afforty, t. X, 5312 85 , t. XVI, 307.

En lan de grace mil deux cens soixante dix neuf fut *Perrons de Nongent* la dixme de Sailleville et Laigneville a trois ans pour huit livres a rendre à deux termes. Cest ascavoir a la Toussaint et a la Chandeleur ensuivant.

1279.

Perrons de Nogent prend à bail les menues dîmes de Sailleville et Laigneville.

PRIORES S^{TI} CHRISTOPHORI IN HALATTA

DIŒCESIS BELLOVACENSIS [1]

1083-1091.	Radulphus I.
	. . . .
1172.	Guibertus.
	. . . .
1222.	Nicolaus.
1227.	Herveus.
1250.	N...
1255.	Radulphus II.
1270-1271.	Petrus I.
1276-1277.	Jacobus I.
	. . . .
1329-1336.	Cousturier.
1362.	Petrus II de la Brosse.
1370.	Hugo de Boulengnies.
1388-1398.	Stephanus I Troussebois, aliter Toursebois.
1402-1418.	Guido I de Morry.
1430.	Jacobus II Bonnaure.
1450-1454.	Stephanus II Prevost.
1454-1455.	Guido II de Veteri Castro.
V^a martis 1454- 1502.	Zacharias Parentis, nobili genere et utroque parente procreatus.
1502-1544.	Antonius Parentis, nepos precedentis, per ejus resignationem, annos natus XVII, nobili genere ex utroque parente

[1] Afforty, t. XI, p. 7265-7. Les dates données dans cette liste par le docte chanoine indiquent non pas toujours le commencement ou la fin de l'administration de chaque prieur, mais seulement un ou plusieurs actes portant leur signature. Il y a quelques lacunes dans la liste.

6

procreatus, simul prior Sti Mauritii Silvanect. (1521), de Cohan, diœcesis Tervanensis (1534), de Pompone diœcesis Vivariensis (1549, et de *Meyre*, in Burgundia, *lès Bar-sur-Seine.*

VI· aug. 1544.

Carolus de Sto Paulo, alias *de la Guillanche*, per resignationem Antonii Parentis.

1545.

Antonius Samgas, Sacrista Prioratus Sti Petri de Pomponna, Prior Sti Christofori, ob inhabilitatem fratris Caroli de Sancto Paulo, resignat die 21 Martis 1545.

1545.

Antonius Feyssier, presbyter ordinis Cluniacensis, Prior Sti Christophori propter incapacitatem Caroli de Sancto Paulo, resignat die 18 Octobris 1545.

Nobilis et religiosus vir domnus Jacobus de Favergies, decretorum doctor, procurator ad resignandum D. D. Ant. Samgas, et Ant. Feyssier.

1588.

Ludovicus Parent, filius naturalis Antonii Parent, de monacho genitus et soluta, Clericus Bellovacensis, Consiliarius et eleemosynarius Regis ordinarius, anno 1556, canonicus B. Mariæ Silvanect. et Sti Reguli (1558) adhuc clericus.

Il obtint le 15 Juillet 1539 du Pape Paul III dispense de censure et d'irrégularité, et fit un traitté en qualité de Prieur commendataire de St-Christophe avec un banquier en cour de Rome pour faire corriger ses bulles le 5 Janvier 1546, c'est-à-dire 1547 (l'année commençant à Pâques) pardevant Bastonneau et Maupeou, notaires au Chatelet de Paris.

C'est luy qui a fait construire le prieuré que l'on abat cette année 1764, pour en rebatir un autre, ainsy qu'il a paru par l'Ecusson de ses armes qui était au-dessus de la porte d'entrée entre ces deux lettres majuscules L. P. environné d'une couronne d'épines. Ce même Ecusson, à l'exception de la couronne et des deux lettres se voit rue du Chat-Heret à Senlis, sur la grande porte cochère de la maison de M. l'abbé de la Fosse, chanoine semi-prebendé de Notre-Dame, laquelle était l'ancien hotel des Prieurs de Saint-Christophe à Senlis, qu'ils ont aliénez en 1577, moyennant 1056 livres.

F. Philippus Pennet. Il était bachelier formé en la Faculté de théologie de Paris. Il fut aussi pourveu du Prieuré de Saint-Christophe par le Cardinal de Lenoncourt, Prieur de la Charité sur Loire, qui prétendait que les provisions de Louis Parent étoient nulles à raison de plusieurs inhabilités et incapacités. Mais sestant ensuitte désisté, ledit Louis

Parent y fut maintenu par sentence du Prévot de Paris du 3 Juin 1547.

10 mai 1570. Messire François Bazin.

10 novemb. 1573. Messire Robert Chesneau.

1575-1597. Messire Louis Leclerc, Conseiller et Aumônier ordinaire du Roy, de 1575 à 1597, qu'il est décédé simple clerc. Il était oncle de Jean Leclerc Prieur en 1600.

Messire Nicolas le Clerc, Conseiller en la Cour de Parlement, transféré à Chalons, et Président des requêtes audit Chalons. Sa Majesté lui fit don du revenu du Prieuré et Seigneurie de Saint-Christophe les années 1592 et 1593, parce que Louis le Clerc tenait le parti de la Ligue.

1597-1598 Messire Jean Cretté, clerc du diocèse de Paris fut pourveu du Prieuré de Saint-Christophe le 22 décembre 1597 par le cardinal de France, légat *a latere* en France. Il en fit prendre trois différentes fois possession, sçavoir les 22 et 31 décembre 1597, et le 9 février 1598.

1598-1599. Messire Claude de Corbilly.

Frère René Presdeseigle, religieux profès de l'ordre de Saint-Benoist, se prétendit aussi prieur de Saint-Christophe en vertu de l'indult de feu messire André Maillart conseiller et maitre des requetes ordinaire de lhotel et eut procès au Grand Conseil pour le possessoire en 1598 et 1599 avec le sieur de Corbilly.

1599-1624. Messire Jean le Clerc, président en la première Chambre des Requêtes et neveu de messire Louis le Clerc cy dessus. Il avoit pour procureur et vicaire général en 1603 et 1607, messire Nicolas le Clerc, seigneur de Saint-Martin, conseiller au Parlement, et président aux Requêtes du Palais.

Il portait d'argent au chevron d'azur, accompagné de trois roses de gueulles.

1624. Messire Thomas le Large, prestre, docteur en droit.

1624-1662. Messire Antoine de Bouillon, clerc du diocèse de Reims, conseiller et aumônier du Roy.

Les Provisions de la Cour de Rome en forme de Bulle, du pape Urbain VIII, du 20 mars 1624, portent que le Prieuré était vacant par la cession de messire le Large. Il n'avait pour lors que 20 ans.

1663. Messire Pierre-Guillaume Martineau, fils de messire Pierre Martineau, Conseiller au Parlement de Paris, et de Françoise Bourdeaux, fut nommé au Prieuré de Saint-Christophe vacant par la mort d'Antoine de Bouillon. Clerc par Bulle du Pape Alexandre VII, du 13 Janvier 1663.

Il portait d'azur au un demy vol (?) d'argent au chef d'or chargé d'un croissant et de deux estoilles de sable.

Il était simple Clerc du diocèse de Paris âgé de 21 ans moins 2 mois, et était dès lors deja pourveu du Prieuré de Saint-Pierre et Saint-Paul de Bony, diocèse d'Auxerre 1663. Il s'est marié depuis et a épousé la nièce de messire Louis le Gras, auquel il a résigné ses deux Prieurés.

1663. Dom Albert Buzenot, religieux de Cluny, obtint des provisions du Prieur de la Charité sur Loire le 20 Janvier 1663. Mais dès le 27 du même mois, il résigna tous ses droits en Cour de Rome au susdit Martineau, dont fut expédiée une Bulle le 26 Février audit.

1663. Messire Louis le Gras, Prêtre, docteur de Sorbonne, par résignation de messire Pierre Guillaume Martineau, chevalier, seigneur de Bretignolles, à la charge d'une pension que ledit Legras fit saisir le 23 Décembre 1697, pour les réparations à faire dudit Prieuré de Saint-Christophe. Il eut aussy par résignation le Prieuré de Bony, diocèse d'Auxerre.

1710. Messire Louis de Menou, clerc du diocèse de Tours, chanoine de l'Eglise collégiale de Figeac, diocèse de Cahors, par résignation de messire Louis le Gras, du 5 Janvier 1710, à la charge d'une pension de 3,500 livres

1711. Il en a pris possession le 18 Avril 1711, en vertu des bulles du pape Clément XI, du 12 Novembre 1710, estant lors Prevot de l'Eglise de Concques, diocèse de Rhodez. Le Prieuré de Bony lui fut aussi résigné en même temps, à la charge de 1,200 livres de pension.

Messire Jacques David, aliter Daniel de Menou, prêtre du diocèse d'Orléans, abbé de Bonrepos, diocèse de Quimper, par résignation de messire Louis de Menou, est mort avant d'en avoir pris possession le 28 Nov. 1760, âgé de 60 ans.

1761. Messire Joachim Anne de Narbonne Pelet, chevalier non profès de Saint-Jean de Jérusalem au château. d'Orson, Diocèze d'Usez en Languedoc, 1761.

Messire Claude François Augustin de Narbonne Pelet, frère de Joachim Anne, aussy chevalier non profès de Saint-Jean de Jérusalem, 22 Février 1761, tué à Salé le 26 Juin 1765.

Non ille pro patria timidus perire. *Horat.*

Ils étaient tous deux fils de messire Claude de Narbonne Pelet, chevalier, Seigneur de Rucoilet, Verbron, Salgas, Bousses, la Carrière, Montaigu, et de Françoise Hélène de Pierre de Bernis, sœur du Cardinal de ce nom, archevêque d'Alby.

Les armes de Narbonne Pelet sont écartelées au 1 de Toulouse, au 2 d'argent au lyon de gueulles, qui est de Bermond d'Anduse, parti d'or à l'ours en pied de sable éclairé d'argent, armé et lampassé de gueulles, chargé d'une épée d'argent au côté avec un baudrier de même, qui est de Bermond de Sommières, au 3 de Rhodes, au 4 de Montmorency, et sur le tout de Narbonne Pelet ancien, parti de Narbonne Pelet Melgueil. Supports, deux ours armés et lampassés avec leurs baudriers.

Messire François de Pierre de Bernis, 1765. Clerc tonsuré du diocèse de Nimes, demeurant à Nimes, Prieur commendataire de Saint-Christophe.

SACRISTÆ STI CHRISTOPHORI.

1410.	Domnus Petrus de le Rat.
1425.	Domnus Thomas Berthe.
1554.	Frater Guillermus le Bourgoing.
1459.	Domnus Ludovicus Parent.
1478.	Domnus Laurentius Bue.
1492.	Domnus Joannes Austin.
1502-1506.	Frater Guillelmus Bauchesy, Subsacrista.
1524.	Frater Joannes Roger.
1576.	Domnus Robertus Conon.
1600.	Domnus Joannes Marcellot.
1627.	Domnus Franciscus le Tannois.
1646.	Domnus Carolus Deslandes.

APPENDICE

I. — *Justice des Bois de Saint-Christophe.*

Afforty, t. xvii, p. 829.

L'an 1337, presens le sousprieur d'Angy Jehan Bonjour et plusieurs autres, M⁾ᵣ Regnault curé de Fleurines, Geoffroy Langlois et plusieurs autres, Thomas Freret, Symon de la fontaine, Jehan Capperon, Thomas Paillart lesquels et chacun d'eux singulierement ont cogneu et confessé souffisament par devant nous en jugement que ils avoient etez et allé au bois de M' Saint Christophe lequel appartient a luy comme son domaine auquel aucun n'est tenu ne peut aller pour coupper prendre ou emporter arbres verds sans son congié ou seing fait par M' le Prieur dessusdit, et quiconque sest trouvé ou ait fait le contraire ou ait prins abattu couppé ou devant-dits bois sans être seigné a l'enseingne ou seing de M', ou par son congié ou de ses gens, a ce avoir fait, il chiet en l'offense; lesquels ce nonobstant estoient allez audit bois et avoient couppé et abattu et levé deux grands saulx verds sans ce qu'il apparu d'aucun seing mis en fait par M' ou ses gens ou qu'ils sceussent que lesdits arbres eussent etez seignez..... pourquoi nous les avons condamnés et chacun singulierement a nous amender l'offence et meffait dessusdits en jugement. Et par ce par iceluy appert clairement que ledit prieur de Saint-Christophe a toutte justice en sa terre et seigneurie et mesmement es bois de Saint-Christophe et ainsy il en peut disposer comme hault justicier a son prouffit et utilité sans ce que le Roy notre sire y puisse pretendre aucun droit, ce que de sa ditte justice et seigneurie lesdits predecesseurs en ont toujours jouis et possessé.

Lequel papier est signé sur la couverture, D.

Lettres Royaulx en faveur du Prieur et des Relligieux de Saint-Christophe-en-Hallatte pour leurs faciliter le payement de leurs dettes.

Afforty, t. XIX, p. 609. Archives de Saint-Christophe, liasse LL, n° 64.

Charles, par la grâce de Dieu Roy de France au bailly de Senlis ou à son lieutenant salut. A la supplication de nos bien amés les Religieux, Prieur et couvent de l'Eglise

Saint-Christophe en halatte de l'Ordre de Clugny disans que comme tant pour occasion des guerres de notre Royaume et des voyages qui se sont faits es parties de Flandres et ailleurs comme pour plusieurs autres dures et..... fortunes qui par plusieurs fois leurs sont survenues en plusieurs manières, ils sont a présent en telle nécessité et povreté quil leurs conviendra delaisser leur ditte Eglise et le divin service cesser en icelle parcequ'ils ne pourroient leurs debtes payer ou leurs charges supporter sans le Remède notre gratieuse Provision si comme ils dient, requérans humblement icelle. Nous inclinans favorablement à leur supplication et en faveur dudit service vous mandons et pour ce que ladite Eglise et la plus grande partie des Revenus dicelle sont assises en votre bailliage, commettons que vous vous informez deuement sur les choses dessusdittes, et se par information ou autrement deuement vous appert de ce que dit est appellés ceux qui sont a appeller, vous touttes les rentes, revenus, possessions et temporel quelconques de ladite Eglise et desdits relligieux prenez et mettez en notre main et par icelle par aulcunes bonnes personnes souffisantes et convenables que vous y commetterez et ordonnerez les faire gouverner jusqua trois années prochaines venans, pour les prouffits, ysseues et revenus qui en pourront faire trois parties dont la première tierce partie soit baillée et délivrée de par nous ausdits Relligieux pour leur vivre, eux vestir et autres nécessités. La seconde tierce partie mise et employée es revenus de leur maison et es labourage de leurs terres, heritaiges et possessions. et lautre tierce partie soit convertie au payement de leurs créanciers par égal portion chacun selon la qualité de son deu. Desquelles choses lesdits commis seront tenus de rendre bon et loyal compte chacun an une fois la ou il appartiendra et pour ce faire ordonner ausdits commis salaire compéten! et raisonnable. Et enterinez et mettez ces présentes a execution deue selon leur forme et teneur sans souffrir autrement ne plus avant lesdits Relligieux ne leurs pleges estre contraints pour occasion desdittes debtes en aucune maniere nonobstant quelconques obligations et renontiations sur ce faites par foy et serment, pourveu que desdittes foy et serment ils ayent dispensation de leur Prélat ou dautres ayans pouvoir a ce, et lettres subreptices quellesconques à ce contraires, nos debtes et celles des foires de Champagne et de Brye exceptées tant seulement.

Donné a Paris le vingtième jour de may lan de Grace mil trois cent quatrevingt treize et le huictiesme de Notre Regne soubs Notre scel ordonné en l'absence du grant.

Par le Conseil, Tumeny.

Conversion d'un denier dû au Roy par le Prieur de Saint-Christophe
en quatre livres parisis de rente.

Afforty, t. X, p. 5272-3.

A tous ceulx qui ces presentes lettres verront ou oiront, Jehan le Charon lieutenant general de M' le Bailli de Senlis, commissaire donne en ceste partie par nos tres chiers et redoublés Seigneurs Nosseigneurs des Comptes et tresoriers du Roy nostre Sire a Paris, salut.

Comme le Roy nostre Sire eust anciennement accoustumé prendre chascun an ou Prieuré de St Christophe en halate le jour de la Feste dudit sainct ung disner par son prevost de Pont Saincte Maixance accompaigné de douze hommes a cheval, douze varlets et douze chiens, laquelle chouse feust venue a la cognoissance de nos tres chiers et redoubtés seigneurs nosseigneurs les Gens des Comptes et tresoriers dicelluy Seigneur a Paris et que pour et on lieu dudict disner le Prieur dudict lieu paieroit voulentiers chascun an au Roy nostre Sire quatre livres parisis de rente annuelle et perpetuelle et pour ce faire obligeroit luy et le temporel dudict Prioré laquelle chouse serait plus prouffitable pour ledict Segneur qui en ce ne prent aulcun prouffit, mais le prent ledict Prevost et ceux de sa compaignie, et pour ce eussent nos dicts seigneurs donnés leurs lettres scellées de quatre de leurs seignes, adrecans audict Mr le Bailli et au recepveur du Roy nostre Sire audit Bailliage, dont la teneur sensuit :

Les gens des Comptes et thresorier du Roy nostre Sire a Paris au Bailli et recepveur de Senlis ou a leurs lieutenans salut. Nous avons entendu que pour ung disner que le Prieur de Saint-Cristophe en halate doibt chascun an au Prevost fermier du Roy nostre Sire a Pont Saincte Maixance, auquel disner ledict Prevost peut mener aux depens dudit Prieur douze personnes, iceluy Prieur paieroit voulentiers au Roy nostredict seigneur chascun an a sa Recepte de Senlis quatre livres parisis de rente et que ce seroit plus le prouffit du Roy de prendre icelle rente que ledict disner, pourquoy nous vous mandons et a chascun de vous en commettant se mestier est, que appellé le Procureur du Roy on bailliage de Senlis, vous enquerez diligeament du prouffit ou domaige que le Roy nostre dict seigneur pourroit avoir a prendre et accepter ce que dict est et se ledict Prieur vourroit doner plus de quattre livres pour demourer quicte dudict disner et ce que vous en trouveres avec vos advis nous renvoies par escript feallement clos le plus tost que vous pourrés affin de proceder au seurplus comme il apartiendra.

Donne a Paris le septiesme iour de may lan mil trois cent quatre vingt dix-sept Ainsy signees : Goullerat.

Par vertu desquelles et du povoir a nous donné et commis par icelles nous eussions commis honorables hommes et saiges, Siquart le Barbier conseiller, Guillaume Buffet, Procureur, et Pierre Courtin recepveur du Roy on bailliage a enquerrir la verite du contenu esdittes lettres cestascavoir se plus prouffitable chose seroit pour le Roy nostre dict Seigneur prendre et accepter laditte rente pour le disner dessus dit ou ledit disner que ladite rente et quel prouffit ou dommaige il y povoit avoir et aussy se ledit Prieur en voulroit plus donner, pourveu que de ce feroient rapport par devant ledit Monseigneur le Bailli ou son lieutenant a Senlis, si comme par les Registres de la Court nous est apparu. Scavoir faisons que aujourd'hui pardevant nous en jugement sont venus et comparus en leurs personnes lesdits conseiller, procureur et receveur d'une part, et aussy se y est comparu Religieux homme et honeste Frère Estienne Troussebois Prieur dudit Prieuré, en sa personne d'autre part, de la partie duquel Prieur nous a été requis que a payer doresenavant chacun an laditte rente de quatre livres parisis au Roy notre Sire en sa recepte dudit Senlis, pour et on lieu dudit disner, le voulsissions recevoir, offrant a obliger pour ce payer par lettres obligatoires scellees de sceaux Royaulx au terme qui par nous sera sur ce ordonné, luy et le temporel dudit Prioré, oye laquelle requeste apres que lesdits commissaires nous ont rapporté dit et tesmoigné que par inquisition deuement faite par eux de ce que dit est, plus utile et prouffitable chose est au Roy notre Sire prendre et accepter la ditte rente que ledit disner, en faisant l'obligation

7

dessusdite en eux consentant que a icelle paier par ledit Prieur, il fut par nous receu, pourveu que il se obligeroit a paier comme dit est chacun an laditte rente audit receveur au jour et terme de feste de Saint Jehan Baptiste dont le premier terme et payement seroit et commenceroit le jour Saint Jehan Baptiste dernier passé, nous, icelluy Prieur, lequel sur ce par nous sommé a dit que plus nen donrrait, avons receu et par ces presentes recevons a paier doresenavant laditte rente audit terme pour et on lieu dudit disner moyennant l'obligation devant ditte, et en ce faisant avons ledit Prieur deschargé et par ces présentes deschargeons dudit disner par notre decret et autorité de justice, dont il nous a requis lettres, auquel nous avons octroyé ces présentes. En tesmoing de ce nous avons scelle ces lettres de notre scel.

Ce fut fait le troisième jour de may lan mil trois cent quatre vingt dixhuit.

Provisions du Prieuré de Saint-Christophe.

Afforty. t. X, 5278.

Frater Johannes Cambellan in Decretis licenciatus, Prior Prioratus et monasterii Beatæ Mariæ de Caritate super Ligerim Cluniacensis ordinis, Antissiodorensis diœcesis carissimis fratribus nostris monachis conversis et familiæ domus nostræ et Prioratus Sti Christophori in Allata, Belvacensis diœcesis, necnon universis et singulis religiosis nobis subditis salutem et fraternam dilectionem. Resignatione facta pure (?) et libere in manibus nostris dicti Prioratus dictæ domus nostræ Sti Christofori in Allata per carissimum fratrem nostrum dampnum Guidonem de Veteri Castro vel ejus Procuratorem, nuper Priorem dicti Prioratus Sti Christophori in Allata et per nos jure nostro recepta et admissa causa permutationis et non alias causa facienda cum carissimo fratre nostro dampno Zacharia Parentis sacrista prioratus Sti..... Eduensis diœcesis ejusdem Cluniacensis ordinis prædictum fratrem nostrum dampnum Zachariam Parentis cui conferimus, contulimus et per præsentes donamus dictum Prioratum Sti Christophori in Allata, vobis monachis ejusdem Prioratus mandantes quatenus prædictum dampnum Zachariam Parentis aut procuratorem suum ad hoc legitime constitutum, in realem, actualem et corporalem possessionem dicti Prioratus Sti Christophori in Allata, juriumque et pertinentium suorum ponatis et inducatis, ac inductum deffendatis et in Priorem ejusdem Prioratus Sti Christophori in Allata recipiatis et admittatis, adhibitis solempnitatibus in talibus fieri consuetis, necnon in omnibus supradictis, sibi tanquam vero et legitimo Priori ejusdem Prioratus obediatis humiliter et devote et in agendis dicti Prioratus et negotiis sibi impendatis auxilium, consilium et juvamen.

Datum in dicto nostro monasterio Caritatensi, die quinta mensis Martii, anno Domini millesimo quadringentesimo quinquagesimo quarto sub sigillo nostro et signo nostro manuali. CAMBELLAN.

Prise de possession du prieuré de Saint-Christophe, par Zacharie Parent.

Afforty, t. X, 5279.

In nomine Domini, Amen. Per hoc præsens instrumentum publice cunctis pateat evidenter et sit manifestum quod anno ejusdem Domini millesimo quadringentesimo

quinquagesimo quarto, more gallicano, indictione tertia, die vero lunœ vigesima quarta
mensis Martii, Pontificatus Sanctissimi in Christo Patris et Domini nostri Nicolai, divina
providentia Papæ quinti, anno nono, in mei notarii publici, etc. (scilicet Petri Durandi
clerici cabillonensis diœcesis) personaliter constitutus in Ecclesia Sti Christophori... dis-
cretus vir Theobaldus de Sampigniaco, scutifer, procurator venerabilis et religiosi viri
fratris Zachariæ Parentis, prioris dicti prioratus in allata, qui exhibens religioso viro
fratri Guillermo Bourgoing, sacristæ dicti prioratus..... requirendo quatenus dictarum
litterarum vigore et autoritate, ipsum procuratorio nomine, in corporalem, realem et actualem possessionem dicti prioratus de Allata..... ingressum dictæ Ecclesiæ et traditionem
cujusdem missalis supra majus altare ipsius Ecclesiæ positi..... posuit et induxit, etc....

Réédiffication des fourches patibulaires de Saint-Christophe, abattûes du tems
des guerres.

Afforty, t. X, p. 5337-40.

1481. A tous ceux qui ces présentes lettres verront Nicolas Mannessié licentié es loix
lieutenant général de Monseigneur le bailli de Senlis, commissaire du Roy notre Sire en
cette partie, salut. Comme nagueres les religieux prieur et couvent de l'Eglise Saint-
Christophe en Hallacte eussent obtenus du Roy nostre Sire des lettres patentes scellées de
son scel en simple queue de cire jaulne addressans a nous, desquelles la teneur sensuit.
.   Louis par la grace de Dieu Roy de France au bailli de Senlis ou a son lieutenant salut.
De la partie de nos bien amez les religieux, prieur et couvent de Saint-Christophe en
Hallacte nous a été humblement exposé que a cause de la dotation et augmentation de
leur ditte Eglise de Saint-Christophe, ils sont Seigneurs haut justiciers moyens et bas des
villages de Saint-Christophe et Fleurines, en la forest d'Hallacte, et ont en iceulx tous droits
de haulte justice moyenne et basse, esquels de toute anciennelé a accoutumé davoir
fourches patibulaires, lesquelles, et Eschelle durant les guerres et divisions que le pais a
été detruit, ont été abbatues et desmolies, a cette cause, puis douze ou quatorze ans ença
ou environ lesdits esposans ou leurs prédécesseurs prieurs de Saint–Christophe obtinrent
certaines nos lettres par lesquelles estoit mandé a Maistre Hugues, lieutenant général de
feu Gilles de Saint–Simon en son vivant chevalier, et nostre bailly de Senlis qui appellé
nostre Procureur qui lors estoit audit Bailliage, si lui apparoissoit dudit droit de haulte
Justice, que lesdits esposans dient avoir a cause de leur ditte terre de Saint–Christophe
esdits villages de Saint-Christophe et Fleurines, et que de anciennement il y eut fourches
patibulaires et eschelles, en ce cas estoit mandé leur permettre faire réédifier et lever
leurs dittes fourches et eschelles es lieux ou ils avoient accoustumé destre dancienmement.
Et depuis, pour procéder a lenterinement desdittes lettres, fut par lesdits Lieutenant et nostre
procureur qui lors estoient, fait information, oy et examine plusieurs tesmoings les deppo-
sitions desquelz furent mis et redigez par escript par le clerc dudit Bailliage et ledit examen ou enqueste et tout ce qui en fut lors fait demoura es mains dudit Boileaue, lieutenant
dessus dit, et au regard desdittes lettres royaulx par vertu desquelles avoit été fait ledit
examen ou enqueste es mains de Adam Barthelemy lors nostre Procureur
audit Bailliage, lequel Barthelemy nostre Procureur seroit depuis, peu de tems après allé
de vie a trespas sans avoir rendu ni baillé a iceux exposans icelles nos lettres lesquels

depuis ne les ont pu recouvrer des héritiers dudit deffunt ne de nos procureurs qui depuis
ont été ondit Bailliage, et a cette cause doublent iceux esposans que se de present, ils vous
requeroient que veu ledit examen ou enqueste que par vertu de nos lettres fut lors faite
par ledit Boileaue lieutenant dessusdit appelé nostre Procureur qui lors estait, la réédification desdittes fourches et eschelle, selon ce qu'ils avoient esté dancienneté que vous
feissiez de ce les recevoir s'ils n'avoient sur ce nos lettres de provision convenable, humblement requerans icelles.

Pourquoy, Nous, ces choses considérées, vous mandons et commettons par ces présentes, que appele notre Procureur et autres qui pour ce seront a appeler, s'il vous appert
que lesdits esposans ayent de nous lesdittes lettres par vertu desquelles il a été par ledit
M. Hugues Boileaue et ledit Adam Berthelemy lors notre Procureur fait ledit examen ou
enqueste, ou autrement deuement, il nous appert que lesdits esposans aient droit de
haulte justice, moienne et basse, esdits lieux, et en signe dicelle ayent eu lesdittes fourches
patibulaires et eschelle, lesquelles soient cheuttes et desmolies durant lesdittes guerres ou
de tant que souffire doit, vous audit cas permettes et faictes permettre ausdits esposans et
ausquels nous voulons par vous estre permis de notre grace especial par ces presentes à
relever lesdittes fourches patibulaires et eschelle es lieux dancienneté ou elles avoient
accoustumé destre ou autre lieu plus convenable et moins dommageable a la chose publique tout ainsi que vous feriez et eussiez pu faire si lesdits suppliants vous faisoient
apparoir de nos dittes lettres Royaulx au moyen desquels ledit examen ou enqueste fut
lors fait, en faisant par vous en cas de debat aux parties oyes bon et brief droit. Car ainsy
nous plait-il estre fait, et ausdits suppliants lavons octroyé et octroyons par ces presentes,
nonobstant que nosdittes lettres royaulx aient etez perdus et adirees (?) et que lesdits esposans nen puissent faire apparoir, que ne leurs voulons nuire ni prejudicier en aucune
maniere mais en tant que mestier est les en avons relevés et relevons de notre ditte grace
par ces présentes, usaige, rigueur de droit et de stile et quelsconques lettres subreptices
impétrées ou a impetrer à ce contraires.

Donné à Paris, le douziesme jour davril lan 1480 et de notre regne le vingtiesme.

Ainsy signées par le Conseil.

                                           C. ANTHONIS.

Lesquelles lettres iceulx impetrans nous eussent présentées et dicelles requis
lenterinement et execution, et pour vériffier du contenu eussent nous devers nous certaine
enqueste faite a leur requeste des le mois de juing lan 1462 par deffunt Jehan le Charon
lors lieutenant de feu M. Gilles de Saint-Simon lors et en son vivant chevalier bailly de
Senlis et Adam Berthelemy aussy procureur du roy, en la présence de Jehan Descroisettes, lors greffier dudit bailliage, sur ce que iceulx impetrans disoient avoir droit de
haulte justice moienne et basse en leur terre et seigneurie dudit Saint-Christophe,
Fleurines et leurs appartenances, avec ce eussent produit plusieurs extraits, registres,
papiers, sentences, arrests de la Court de Parlement et autres lettres, titres, exploits et
memoriaux, et si eussent requis a nous et au Procureur et Receveur ordinaire dudit
Bailliage que nous voulsissions nous transporter esdits villages de Saint-Christophe et
Fleurines sur les lieux ou souloient être assises et dressées les fourches patibulaires et
eschelles qui sont les vrays signes de leur haulte justice, moyenne et basse pour iceux
veoir et illec oyr et examiner autres témoings se bon nous sembloit, quils avoient intention
produire par devers nous pour amplement montrer, veriffier et enseigner leurdit
droit de haulte justice et seigneurie. En obtemperant à ladite icelle requete, appeles avec

nous lesdits procureur et receveur nous fussions transportés audit village de Saint-Christophe et Fleurines et illec eussions oy et examine plusieurs temoings qui nous eussent et ayent dit et tesmoignés pour vérité que les fourches patibulaires de laditte seigneurie esquelles les exécutions se faisoient anciennement au prouffit desdits religieux souloient estre au dessoubs dudit village de Saint-Christophe entre ledit village et Fleurines, et leschelle dedans ledit village de Saint-Christophe au dessoubs de la croix dudit lieu estant devant la maison Pierre Noel, et si nous eussent lesdits religieux prieur et couvent de Saint-Christophe prié et requis que leur voulsissions permettre de asseoir ou faire dresser leurs dittes fourches patibulaires, signe de leur haulte justice sur une petite montagne estant en leur ditte terre et seigneurie, entre Saint-Christophe et Fleurines, appelée la Corne de Louye ou lon a accoutume de faire chacun an le *feu des brandons,* pour ce que on pourra veoir de plus loin lesdites fourches que si on les faisoit au lieu ou elles souloient estre, et aussy que cest le lieu moins dommageable, sur laquelle petite montagne nous ayons étez avec lesdits procureur et receveur et plusieurs des habitans desdits lieux de Saint-Christophe et Fleurines, qui nous aient dit et tesmoigné laditte montaigne estre assise en laditte seigneurie et justice desdits religieux et que lesdittes fourches seroient mieulx illec assises que au lieu ou lesdittes fourches souloient estre pour ce que ledit lieu est assis entre deux chemins en lieu haut, requerans au surplus droit leurs estre fait sur tout.

Scauoir faisons que oye laditte requeste qui nous sembloit et ausdits procureur et receveur estre juste et raisonnable, veues lesdittes lettres royaulx, lenqueste autrefois faite par lesdits deffuncts Jehan le Charon, Adam Berthelemy et Descroisettes et depuis par nous en la présence desdits procureur et receveur dont dessus est faite mention et parlé, ensemble des lettres, titres, exploits et memoriaux produits par devers nous a ceste fin par lesdits religieux que nous avons depuis communiqué auxdits procureur et iceulx oys en tout ce qu'ils ont voulu dire pour le Roy, et tout veu et considéré ce qui faisoit a veoir et considérer en ceste partie, eu sur ce conseil à saiges, Nous en enterinant lesdittes lettres royaulx cy dessus transcriptes, avons permis et permettons par ces présentes ausdits Religieux, Prieur et Couvent de Saint-Christophe quils puissent faire relever, dresser et eriger lesdites fourches patibulaires et eschelle en signe de haulte justice, cest ascavoir laditte echelle pres de laditte Croix au lieu de Saint-Christophe ou elle soulait estre, et lesdittes fourches sur laditte petite montaigne appelée la Corne de Louye estant entre Saint-Christophe et Fleurines, par notre sentence et a droit. En tesmoing de ce nous avons scellés ces présentes du scel aux causes dudit Bailliage. Ce fut fet en jugement audit Senlis, en la présence dudit prieur de Saint-Christophe pour luy et son dit prioré dune part et desdits Procureur et Receveur dautre part, le mercredy 25ᵉ jour davril, lan de grâce 1481, après Paques.

Ainsi signé :   Et scellé sur double queue de cire rouge.
   DE POULLY.

Relevé des droits du Prieuré de Saint-Christophe.

Afforty, t. X, p. 5335-7.

Ce sont les fais et articles que entend a prouver par devant vous Monseigneur le Maistre des Eaues et forest du Roy notre Sire au pays de France, Champaigne et Brye,

Religieuse et honneste personne frere Zacharie Parent, Prieur du Couvent de Saint-Christophe en Hallacte a lencontre du Procureur du Roy notre Seigneur on bailliage de Senlis.

I. A cause de la fondation et augmentation dudit Prioré de Saint-Christophe, il est seigneur des villages dudit Saint-Christophe et Fleurines assis dedans la forest de Hallacte avec plusieurs beaux droits et prérogatives.

II. Entre autres lui appartient une grand piece de bois de quatre à cinq cent arpents ou environ, appelés les bois des Usages, qui ne sont point en grurie, et n'y prent le Roy aucun droit.

III. Avec ce luy appartiennent plusieurs autres pieces de bois en divers lieux et trieges, montans de sept a huit cent arpens ou environ, assis pres diceulx villages.

IV. En iceulx ledit Prieur a tout droit de justice haulte, moyenne et basse et de ce fera apparoir par lettres et temoins.

V. Dit ledit Prieur que lesdits bois et terroir de Saint-Christophe sont bien bornés et séparés des autres bois, et que la paisson et pasnage diceulx luy competent et non a autre.

VI. Pour ce monstrer il dit que des lan 1364, procès se meut entre le Prieur dudit Saint-Christophe et feue dame Jehanne Choiselle, veuve de feu Messire Pierre de Pacy, chevalier, à laquelle appartenoit la Gruerie de ladite forest dhallacte pour raison de plusieurs droits quavoit ledit Prieur en ladite forest, quelle avoit voulu ou vouloit empescher.

VII. Entre autres il maintenoit estre en possession de delivrer seul a ses hostes de Saint-Christophe et de Fleurines pasturage pour leur bestial, et marrien pour ediffier en ses bois quant bon lui sembloit et que mestier estoit.

VIII. Item en possession davoir estalon et de adiouster audit estalon la mesure pour mesurer charbon en ses bois luy seul et pour le tout.

IX. Item en saisine de donner congié a ses hostes de arracher en ses bois pommiers poiriers et neffliers.

X. Item d'exercer esdits villages et esdits bois tous esploits de Justice seul, sans que le gruyer y en put aucuns faire.

XI. Item de estre et ressortir en tous cas de temporelle justice soubs le roy en son siege a Senlis.

XII. Au controire ladite damoiselle a laquelle ladite gruerie de Hallatte appartenoit lors, maintenoit possessions contraires, et sur ce estoient le Prieur et elle en grant debas et procès.

XIII. Pour eviter ausquels procès, apres enquetes faites, et icelles veues, elles avoient fait accord par lequel il fut dit entre autres choses quant au pasturage, que le Prieur pouroit faire pasturer son bestial tout le temps de deue ou autre sans congié, es Patis et grans bois et es cinquante arpens, mais en ses ventes il ny pouroit envoyer son bestial devant quil les auroit delivrez a ses hostes, et de la delivrance faite a ses hostes, le Prieur pouroit faire pasturer son bestial et celuy de son fermier sans congié du gruyer, et au tel estoit-il du bestial, pouvait-il faire de ses jumens et de ses poulains.

XIIII. Item quant à la livree que ledit prieur faisoit a ses hostes tant de pasturer comme de ediffier, le Prieur la feroit mais que les bois eussent age et que ses hostes nen useroient devant ce quils leussent fait a scavoir au gruier.

XV. Item si demouroit et demoura ledit prieur es autres possessions dessus declarées comme il appert par lettres daccord de ce passées entre lesdittes parties, lequel accord fut confirmé par la court de Parlement, et de puis ce a laditte Dame vendu laditte Gruerie au prouffit du Roy, a la charge du droit dudit Prieur tel que dessus est déclaré.

XVI. Par ledit accord il appert clairement que les paisson et pennage desdits bois appartiennent audit Prieur, car sils ne luy eussent appartenu, jamais ne luy eust été accordé le droit et possession de livrer la paisson et pasturage à ses hostes pour leurs bestiaulx.

XVII. Aussy est vray que par la coustume gardée au baillage de Senlis aux hauts justiciers qui ont bois assis dedans les haultes justices appartiennent les paisson et pennage desdits bois.

XVIII. Or, ledit Prieur a haulte justice et les bois sont assis autour desdits viliages de Saint-Christophe et Fleurines, dans les limites et fins de ses dites seigneurie et haultes justices.

XIX. Item dit ledit Prieur que luy, ses fermiers et hostes de Saint-Christophe et Fleurines en gardant leur droit et possessions ont mys par chacun an et mettent chacun jour en touttes saisons leurs pourceaulx et autres bestiaux pasturer dedans lesdits bois de Saint-Christophe qui sont en gruerie, sept cent arpens ou environs, joignans et appartenans ensemble.

XX. Item que nul autre que luy ses hostes et subjets ne peut faire pasturer leurs pourceaulx ni autres bestiaulx dedans les bois dudit Prieur, mesmement les marchands auxquels la paisson du Roy est vendue et délivrée par les officiers du Roy et de ce ont été et sont en possession et en saisine.

XXI. Item desquels droits, saisines et possessions, mesmement de pasturer et faire pasturer leurs bestiaux et pourceaulx dedans lesdits bois de Saint-Christophe estans en gruerie, iceluy Prieur et ses hostes et subjets ont joy et possessé de tout tems et ancienneté, mesme depuis 60 ans ença et de tel et si long tems quil nest memoire du contraire paisiblement et sans aucun empêchement au veu et au sceu du gruier, sergens et autres officiers de laditte forest de Halatte des marchans auxquels la paisson de la forest du Roy a esté vendue et délivrée, et de tous autres.

XXII. Item ne sera point sceu ni trouvé que jamais lesdits marchands de la paisson d'icelle forest du Roy y fissent ou ayent jamais fait pasturer leur pourceaulx.

XXIII. Item dit ledit Prieur quil a droit de garenne et peut chasser et faire chasser à cor et à cry au gros et au menu en tous lesdits bois à luy appartenans, tant esdits bois des usages contenans de 4 à 5 cens arpens comme en tous ses autres bois estans assis dedans les fins et limites de sa haulte justice et seigneurie dudit Saint-Christophe.

XXIV. Item duquel droit de chasse au gros et au menu, à cor et à cry par tous lesdits bois, ledit Prieur et ses prédécesseurs ont joy et usé de tout temps passé et ancienneté de tel et si longtems qu'il nest mémoire du contraire, et pour laditte chasse, ledit Prieur et ses prédécesseurs ont eu et tenu chiens et harnois, et fait et fait faire dedans sesdits bois, haies chasseresses, et abatu bois, et pour ce faire paisiblement et sans nul empeschement au veu et au sceu desdits officiers du roy à Senlis et de tous autres.

XXV. Item et pour monstrer que ainsy soit, il est vray que des le mois de mars 1270, procès et question se meust entre le roy Philippe lors regnant, Jehan du Plessier lors gruier de la forest de Halatte et le Prieur de la Charité sur Loire au cause dudit Prioré de Saint-Christophe membre dépendant dicelluy dautre part, pour raison de ce que le Roy et ledit gruier disoient que ledit Prieur ne usait pas de ses bois ainsy quil devoit, et en abusoit au préjudice du Roy et dudit gruier. Et sur ce que ledit Prieur disoit au contraire, sur quoy fut appoincté entre eux, en faisant lequel appoinctement, il ne fut aucune chose déterminé des justices, pasturage, pennage et garenne pour ce qu'il nen étoit aucun debat et question, et fut dit expressement que le Roy, ledit gruier, icelluy Prieur de Saint-Christophe et ses hostes en joiroient ainsi qu'ils avoient accoustumé, comme il appert par lettres de chartres de ce faisant mention, au vidimus dicelles fait sous le scel royal, auquel vidimus sont attachées les lettres dexpédition de MMrs des Requêtes, données en datte du 29 jour de may 1485, adreçons au Receveur et Procureur du Roy notre Sire on bailliage, lesquelles lettres d'expédition contiennent expressement que nos dits Seigneurs ont veu les lettres dont ledit vidimus fait mention, qui par ce moyen vallent original, par lesquelles il est mandé ausdits Receveur et Procureur faire joir lesdits de Saint-Christophe des droits contenus esdittes lettres.

XXVI. Item duquel droit de chasse au gros et au menu ledit Prieur a eu délivrance et aussi de autres droits par Pierre de Vest, escuyer, seigneur de Becconne lieutenant de Estienne de Vest M* reformateur général des eaux et forests du Roy notre Sire es pays de France, Champaigne et Brye, comme il appert par ses lettres données en mois de May 1483.

XXVII. Item dit ledit Prieur que de tout temps et ancienneté luy et ses prédécesseurs ont toujours joy paisiblement desdits droits de pennage et garenne au gros et au menu en ses dits bois, mesmement depuis 60 ans ença, et de tel et si longtems que nest mémoire du contraire, et quil souffit et doit souffire pour avoir acquis tout droit et possession tout paisiblement, sans quelque empeschement au veu et au sceu des Officiers du Roy à Senlis et de tous autres.

XXVIII. Mais ce non obstant, de nouvel aucun des marchands de laditte paisson du Roy en laditte forest de halacte et autres, se sont efforces de en ce aucunement troubler ledit Prieur esdits droits de paisson et de chasse et en ses autres droits, saisines et possessions dessus déclarées.

XXIX. Item pour soy mettre en son devoir, il vous a offert de vérifier de ses droits, sur quoy avez ordonné quil soit fait par articles et que sur iceulx il vous pourra faire examiner tant de temoings que bon lui semblera par devant votre lieutenant général et ladvocat du Roy à Senlis, commissaires pour ce faire par vous déléguez.

XXX. Item en ensuivant..... *Cetera desunt.*

Bulle du pape Alexandre VI autorisant Zacharie Parent à résigner son prieuré en faveur d'Antoine Parent.

Afforty, t. **X**, 5279.

Alexander episcopus, servus servorum Dei, dilecto filio Zachariæ Parentis, monacho prioratus de charitate super Ligerim, salutem....

..... Cum itaque tu hodie prioratum Sti Christophori in Allata, cluniacensis ordinis, Belvacensis diœcesis, quem tunc obtinebas, per certum procuratorem tuum ad id a te specialiter constitutum, in manibus nostris sponte et libere resignaveris, nosque resignationem ipsam admittentes, prioratum prædictum dilecto filio Antonio Parentis per alias nostras litteras contulerimus, nos tibi qui presbyter, et ut asseris, de nobili genere ex utroque parente procreatus existis, ne ex resignatione hujusmodi nimium dispendium patiaris, de alicujus subventionis auxilio providere volentes, tibi omnes et singulas decimas minutas parochiarum de Lagniaco sicco et Plesseio sub Damno Martino, et viginti sex modia grani, videlicet tredecim avenæ ad mensuram loci Domni Martini dicto prioratui debita super grangia templariorum dicti Lagniaci sita prope dictum Plesseium ac unam nuper œdificatam in loco dicti prioratus et aliam sitam in civitate silvanectensi dicto prioratui spectantes domos pro tuis usu et habitatione, quæ omnia tertiam partem fructuum reddituum et proventuum dicti prioratus ut etiam asseris, non excedunt, per te, quoad vixeris, etiam una cum omnibus et singulis beneficiis ecclesiasticis quæ in posterum obtinebis.... necnon jus conferendi beneficia ecclesiastica curata quæ ad collationem, et præsentandi illa quæ ad præsentationem prioris pro tempore existentis dicti prioratus pertinent, ipsius Antonii ad hæc omnia expresso accedente consensu, auctoritate apostolica tenore præsentium loco pensionis annuæ reservamus, concedimus et assignamus...

Datum Romæ apud S. Petrum anno Incarnationis dominicæ millesimo quingentesimo secundo, nonis aprilis, pontificatus nostri anno decimo.

Fulmination des bulles du pape Alexandre VI, en faveur d'Antoine Parent, prieur de Saint-Christophe, faite par Pierre du Coudray, résident en cour de Rome.

Afforty, t. x. p. 5280-1.

Anno domini millesimo quingentesimo secundo, die vero vicesima quarta mensis Maii Ego Johannes de Lorme presbyter curiæ silvanectensis, notarius juratus et in præsentia testium infra scriptorum, virtute litterarum seu processus fulminationis venerabilis et scientifici viri Domni Petri de Couldrayo, Ecclesiæ aquensis canonico, mihi notario pro parte venerabilis et scientifici viri domni Anthonii Parentis, prioris prioratus Sti Christophori in Hallata cluniacensis ordinis, Belvacensis diœcesis, in iisdem litteris fulminatis principaliter nominati præsentis, et ut cum reverentia adesset per me notarium receptorem, virtute clausulæ de ceterum in iisdem litteris contentæ, posui et induxi in possessionem corporalem, actualem et realem juriumque et pertinentium ejusdem prioratus vener. et discretum virum Magistrum Johannem Chastelli, curatum de Plesseiaco Bellevillæ, Meldensis diœcesis, procuratorem litteratorie fundatum dicti Anthonii Parentis, per ingressum ejusdem, per traditionem clavium, missalis, calicis, ornamentorum, et tactum cornuum altaris et osculum ejusdem, aliisque solemnitatibus in talibus assuetis, nemine ad hoc se opponente nec contradicente, attamen oneribus, chargiis et reservationibus in ipsis litteris latius specificatis et declaratis excepta. Præsentibus ad hæc venerabilibus et discretis viris fratre Zacharia Parentis, priore Sainte—Martini de Longa aqua, fratre Guillermo Bauchesy, priore de vernolio et subsacrista ejusdem prioratus Sti Christophori, Magistro Galeranno Cornu, curato de Fleurines, Mathurino Peton et

8

Thoma Cornu, barbitonsore, testibus ad præmissa vocatis, teste meo signo manuali
hic apposito anno et die dictis.

DE LORME.

Formule du serment prêté au pape Grégoire XIII par Louis le Clerc prieur de Saint-Christophe.

Afforty, t. X, 5282.

Ego Ludovicus le Clerc, clericus, perpetuus commendatarius prioratus Sti Christophori
in Hallata Cluniacensis ordinis, Belvacensis diœcesis, ab hac hora in antea fidelis et
obediens ero Beato Petro Sanctœque Apostolicœ Romanœ Ecclesiœ ac D. nostro D.
Gregorio papœ XIIIᵉ suisque succes-oribus canonice intrantibus, nec ero inconsilio,
consensu, tractatu vel facto ut vitam vel membrum perdant seu quod contra alicujus
eorum personam vel in ipsorum aut ecclesiœ ejusdem sive Sedis Apostolicœ autoritatis,
honoris, privilegiorum, jurium vel apostolicorum statutorum, ordinationum, reserva-
tionum, dispositionum sive mandatorum derogationem vel prœjudicium, machinationes
ant conspirationes fiant et si ac quotiens aliquid tractari scivero, id pro posse ne fiat
impediam et quantocius commode potero eidem Domino nostro vel alteri per quem
ad ipsius notitiam pervenire possit significabo. Consilium vero quod mihi per se aut
nuncios seu litteras creditori sunt ad eorum dominum me sciente nemini pandam.
Ad retinendum et defendendum Papatum Romanum et regalia sancti Petri contra omnem
hominem adjutor eis ero. Auctoritatem, honorem, privilegia ac jura, quantum in me
fuerit potius adaugere et promovere statuta, ordinationes, reservationes, dispositiones,
et mandata hujusmodi observare ac eis intendere curabo, legatos sedis ejusdem honorifice
tractabo, ac in suis necessitatibus adjurabo, hereticos, schismaticos et qui alieni et domino
nostro successoribusque prœdictis rebelles fuerint, pro viribus persequar et impugnabo,
possessiones vero ad dictum prioratum pertinentes non vendam nec donabo neque
impignorabo neque de novo infeudabo vel aliquo modo alienabo etiam cum consensu
conventus dicti prioratus inconsulto Romano Pontifice. Sic me Deus adjuvet, et hæc
sancta dei evangelia.

Ornatissimo viro D. Clerico [1] Divi Christophori ad Silvanectum Antistiti meritissimo, salutem.

Afforty, t X, 5283.

Non quod laudari cupiam, sine teste dolere
Vix possum, at veris utor ego lachrymis.
Ex animo certe doleo, nam lumine cassum
Janum [2], præsidium dulce decusque meum.

---

[1] Le Clerc
[2] Jean!!

Ille tuus, meus ille fuit, sic orbus uterque
Nostrum, immo patria est orba parente suo.
Ipse tui testis, nostri simul esse doloris
Conciperes, ut quamvis hoc ego teste queam.
Ecquid opus verbis? Nam si vel amicus amico
Testis dolet, vere legitimoque dolet.
Strangulat inclusus dolor, aut nihil proficit, ergo
Serio qui doleat vix sine teste dolet
Secum una luget vel qui cum luget amico,
Et nihil occulti verus amicus habet.
Ut doleam, nolim laudari protinus, at tu
Ut me teste doles, hic mihi testis eris
Nec solus doluisse satis me ut soler inertem,
Nec nisi fallor ad huc te sine teste queo.

Tuus jure nexus et mancipio,
CLAUDIUS MINOS.

Déclaration de tous les biens et revenus appartenant au Prieuré de Saint-Chris-
tophe en Halatte et des charges diceluy que fournit M. Louis de Menou, prieur,
seigneur, spirituel et temporel dudit Prieuré de Saint-Christophe et Fleurines,
pour être enregistré au greffe des Domaines des gens de main-morte du diocèse
de Beauvais, suivant et au désir des déclarations et arrests de sa Majesté ainsi
qu'il ensuit.
Laditte déclaration passée devant Fromont, notaire à Paris, le 8 juin 1712.

Afforty, t. X. p. 5273-6.

Premièrement appartient audit Prieur le corps de l'Eglise ainsy quil se poursuit et
comporte avec la maison et lhôtel seigneurial dudit Saint-Christophe se consistant en
plusieurs bâtiments, cuisine, salles, chambres, escuries, greniers, caves, cours, chambres
et demeure du Sacristain et du Chappellain, jardins et tout lenclos dudit Prieuré fermé de
murs auquel lieu et en tout le territoire dudit Saint-Christophe et Fleurines, laditte Eglise
a tout droit de justice, haute, moyenne et basse, avec les droits de cens et surcens.

Item appartient audit Prieuré, une maison et ferme assise audit Saint-Christophe,
vulgairement appelée la ferme et basse-cour dudit Saint-Christophe, consistant en une
grande cour, cuisine, chambres, greniers, colombier à pied, granges, hangards, estables,
escuries, bergeries, vacheries, jardins et clos ainsi que le tout se poursuit et comporte,
avec soixante et dix arpents de terre et vingt trois arpents et demy de prez en plusieurs
pièces en dépendants, scises au terroir et prairie dudit Saint-Christophe, les droits de
dixmes, cens, surcens seigneuriaux, lots et ventes saisines et amendes dans lestendue
de laditte seigneurie de Saint-Christophe et Fleurines, le tout affermé à Pierre le Page,
laboureur et receveur dudit lieu, suivant le bail passé devant Bobusse et Fromont, à
Paris, le 16 avril 1709, pour neuf années, moyennant la somme de 900 livres chacune
année, et encore aux charges et conditions suivantes, qui sont de fournir annuellement au

sacristain dudit Prieuré un muid de blé froment, pour sa subsistance, et trois muids de blé mesteil pour être distribuez aux pauvres, le tout sans diminution desdittes 900 livres de fermage par chacun an, que ledit le Page est obligé de payer en lacquit et descharge dudit sieur Prieur scavoir au sacristain dudit Prieuré 410 livres, au chappellain 360 livres, au clerc de l'Eglise 50 livres, au curé de Fleurines 80 livres.

Item appartient audit Prieuré la quantité de deux cent septiers de bled froment et deux cent septiers d'avoine, mesure de Dammartin, de redevance à prendre par chacun an le lendemain de la Chandeleur sur la Commanderie de Lagny-le-Secq, suivant et en exécution de l'arrest de Nosseigneurs du grand Conseil, du 1er juin 1619. Sur laquelle redevance ledit Prieur de Saint-Christophe est obligé de payer annuellement ledit jour landemain de la Chandeleur au sieur Curé de Lagny-le-Secq pour son gros la quantité de vingt et un septiers de bled froment et onze septiers d'avoine mesure dudit Dammartin, laquelle redevance est appréciée entre ledit sieur Prieur de Saint-Christophe et ledit sieur Commmandeur de Lagny-le-Secq à la somme de 3400 livres suivant le traitté passé entre eux devant Bobusse et Fromont, notaires à Paris, le 15 mars 1706.

Item appartient audit Prieur de Saint-Christophe la quantité de quatre cent quatre vingt trois arpens de bois en plusieurs pièces, dont le quart, montant à cent vingt arpens et demy est en réserve, suivant les Arrests et déclarations de Sa Majesté et le surplus montant à trois cent soixante et deux arpens est réglé en coupe de dix années, ce qui revient à trente six arpens vingt cinq verges de bois en couppe par chacune année ou environ; la coupe de la présente année 1712, qui est de 40 arpens a été vendue par ledit sieur Prieur de Saint-Christophe à François Noël et Jean-Baptiste Laval , la somme de 950 livres suivant lacte passé entre eux devant Saint-Leu..... notaires à Senlis, le 9 janvier 1712 outre et pardessus 50 bottes de lattes quils se sont obligés de payer.

Item appartient audit Prieuré quatorze arpents de prez en plusieurs pièces assises en la prairie de Verneuil, affermés à Elisabeth, veuve de Louis Perceval, demeurant audit lieu, qui en rend de loyer par chacun an 80 livres, suivant le bail à elle fait sous seing privé, le 10 avril 1706.

Item appartient audit Prieuré la quantité de cinquante trois arpens de terre labourable ou environ, en plusieurs pièces, assises sur le terroir de Bray, Brasseuse et Ognon, et soixante sols de surcens à prendre sur une maison mazure, sise audit Bray, tenue par la veuve Destrées dudit Bray, le tout affermé par Alexandre Sébert, laboureur audit Bray, moyennant la somme de trois cent livres par chacun an, suivant le bail passé entre les parties devant notaires à Senlis, pour le temps de neuf années, du 20 octobre 1708.

Item appartient audit Prieuré la quantité de trente deux arpens de terres labourables ou environ, scises sur le terroir de Villemétrye, fauxbourg de Senlis, et ès environs en seize pièces , et plusieurs cens et surcens à prendre sur plusieurs maisons dudit Villemétrye et pièces de terres audit terroir, consistant en six mines d'avoine et six livres d'argent, tenus à loyer par Charles Bombart, laboureur audit Villemétrye, moyennant deux cent livres par chacun an suivant le bail passé entre les parties devant Bacouel, notaire à Senlis, le 25 octobre 1705, lequel expire au jour Saint-Martin d'hyver prochain, 1712.

Item appartient audit Prieuré le droit de dixmes sur partie des terres de Balagny-sur-Onette, tenus a bail par Georges Gallois receveur dudit lieu passé devant notaires à Senlis le 11 juin 1711, pour le temps de trois années moyennant la somme de cent dix livres par chacun an et deux chappons outre et pardessus trois muids de bled, mesure de Senlis, qu'il est obligé de payer par chacun an, audit sieur curé de Balagny pour son gros.

Item appartient audit Prieuré la quantité de dix-huit arpens de prez ou environ en huit pièces scises en la prairie de Saint-Gervais de Pontpoint et les menues dixmes dudit Pontpoint tenus à bail par Antoine de Ribergau et Henri Rayer laboureurs audit Pompoint le tems de six années moyennant la somme de cent vingt livres par chacun an suivant le bail passé entre les parties devant Bacouel notaire a Senlis le 25 mars 1710.

Item appartient audit Prieuré la quantité de six arpens et un quartier de terres et héritages a Cinqueux en vingt-quatre pièces tenues à bail par Jean Cauvel, laboureur audit-lieu, passé devant Bacouel et Saint-Leu notaires à Senlis le 25 février 1712 pour trois années, moyennant soixante et dix livres par chacun an.

Item appartient audit Prieuré de Saint-Christophe les menues dixmes de Lagny le Secq et du Plessier Belleville, tenus à bail par Charles Pingard, laboureur, demeurant au Plessier Belleville moyennant soixante et dix livres de loyer par chacun an suivant le bail sous seing privé passé entre les parties pour trois années le 15 décembre 1711.

Item appartient audit Prieuré les menües dismes de Sageville et Laigneville tenues a bail par Jacques Hulm laboureur audit Sageville qui en rend de loyer par chacun an la somme de vingt livres, suivant le bail sous seing privé passé entre les parties le 1 Décembre 1711 pour le tems et espace de trois années.   .

Etat des revenus qui ne sont point affermés et se perçoivent par les gens d'affaires dudit Prieur.

Item appartient audit Prieuré plusieurs censives sur plusieurs maisons situées dans la ville de Senlis, qui montent actuellement à la somme de neuf livres cinq sols.

Item appartient audit Prieuré certains cens sur dix maisons sises à La Chapelle-en-Serval montans ensemble à soixante sols par an.

Item appartient audit Prieuré soixante et dix sols de surcens par an, quil a droit de prendre sur une maison scise au village de Rieux détemptée par le Sieur Curé dudit lieu.

Item appartient audit Prieuré quarante sols de cens et surcens à prendre sur une maison scise à Cinqueux tenue par Pierre Gefroy, dudit lieu, déclarée au titre nouvel par luy passé devant notaire, le 13 Février 1700.

Item appartient audit Prieuré vingt sols de rente foncière à prendre sur deux petites maisons scises à Pont-Sainte-Maxence, détemptées par le sieur Dugest, brigadier des Gardes du Corps du Roy, au lieu de Jacques Meusnier, et Françoise Harlant sa femme.

Item, outre lesdittes redevances, loyers et bois, il y a un fief situé au village de Pompoint, appellé le fief de Moivinet, appartenant à des héritiers de Monseigneur larchevesque dAuch, lequel fief de Moivinet est mouvant du Prieur de Saint-Christophe, et pour raison duquel sont dus les droits de Relief audit sieur Prieur de Saint-Christophe quand le cas y échoit.

Ensuivent les charges du Prieuré de Saint-Christophe.

Premièrement il est dû annuellement au curé de Lagny le Secq pour son gros, la quantité de vingt et un septiers de bled froment et onze septiers d'avoine, mesure de Dammartin.

Item il est dû annuellement au sieur Curé de Balagny trois muids de bled, mesure de Senlis, pour son gros.

Plus il est dû annuellement au curé de Fleurines la portion congrue de 300 livres.

Plus ledit sieur prieur paye annuellement pour ses décimes particulières 325 livres 11 sols.

Plus ledit sieur prieur paye annuellement pour sa part de la subvention la somme de 1153 livres 10 sols.

Plus au sacristain dudit Saint-Christophe la somme de 410 livres.

Plus pour les deux termes des décimes que le sieur prieur paye en lacquit du sacristain 17 livres 10 sols.

Plus il est du audit sacritain un muid de bled.

Plus il est dub audit sacristain pour son chauffage la quantité de trois cordes de gros bois et cinq cent de fagots.

Plus au chappellain dudit Saint-Christophe la somme de 360 livres.

Plus pour le chauffage dudit chappellain 30 livres.

Plus au clerc de l'église pour ses gages 50 livres.

Plus pour les ausmones trois muids de bled, mesure de Senlis.

Plus pour les gages du garde bois la somme de 60 livres.

Plus pour lentretien des aubes, nappes, serviettes, surplis et cordes du clocher, 60 livres.

Plus pour les gages de la justice, 30 livres.

Plus pour le droit de patronage dû à M' le Prieur de la Charité, 50 livres

Plus pour les réparations de l'Eglise, maison seigneurialle, ferme et maison des Religieux, 400 livres.

Aujourd'hui est comparu devant les notaires à Paris soussignez M' Louis de Menou, bachelier en droit canon, Prieur, Seigneur spirituel et temporel de Saint-Christophe et Fleurines en Halate, demeurant en cette ville de Paris, rue du Chardonnet, lequel a déclaré et affirmé à tous qu'il appartiendra que les revenus et charges dudit Prieuré de Saint-Christophe sont portés et énoncés en lestat ci-dessus et des autres parts, quil certiffie véritable, dont il a requis acte des notaires soussignez qui luy ont octroyés les présentes pour luy servir et valoir en temps et lieu ce que de raison, promettant et obligeant, renonçant, etc...

Fait et passé à Paris es Estudes, lan mil sept cent douze, le huit Juin, après midy, et a signé la minute des présentes, demeurée audit Fromont notaire.

Signé : l'abbé DE MENOU, Prieur de Saint-Christophe.

Liasse D. D. N° 55.

.

TABLE

ALPHABÉTIQUE ET ANALYTIQUE

A

Abbatiola, II, 1, 3, 5.
Adam, évêque de Senlis, 22.
Adam, archidiacre, 6.
Afforty, I, VI, LXXXVI, LXXXVII, 4.
Alby (archevêché d'), 44.
Aleigre (Christophe d'), LVIII.
Alexandre VI, pape, XLII, 55.
Amimate, Amigny, III, 1, 4.
Angy, 47.
Anthonis, 52.
Apport-au-Pain (rue de l'), XXXII.
Apremont (Jacques d'), XLIV, XLVI, XLVIII.
Apremont (Balthasar d'), XLIV, XLVII.
Archebaldus, Archambault, V, 5.
Arnault, officier municipal, LXXXIX.
Arnoult, prêtre, 11.
Arnulfus, decanus, 6.
Arondel, Maixent, XLVIII.
Ascelin, moine, 6.
Aubermont, 19.
Aulnay (Gautier d'), 20.
Aumailles, XX.
Aussart, Jean, XXXI.
Austin, Jean, XXXIX, 45.
Auviler (Raoul d'), 37.

B

Bacouel, 61, 62.
Bailli de Senlis, XVIII, 30, 31, 33, 48.
Balagny, VII, IX, LVII, LXII, LXXVII, LXXX, LXXXV, LXXXVII, 7, 8, 13, 61, 62.
Balagny (Guillaume de), 32.
Balduinus, Baudouin, fils de Waleran, II, III, 1, 3.
Balduinus, cancellarius, I, 4.
Barbelat, Victor, LVII.
Barbery, LIX, 9.
Bastonneau, notaire, LV, 42.
Bataille, Jacques, LXX.
Baterel, Guiard, XII, 28.
Bauchesy, Guillaume, XLIII, 45, 59.
Baudouin, 34.
Bay (Jean de), LXXIX.
Bazin, François, prieur, XVI, 43.
Beauvais, I, 5.
Becconne, 56.
Begers, Gautier, maire de Pontpoint, XV.
Begiers, Pierre, 24, 25.
Bellart, Collart, 34.
Bellart, Guillaume, 34.
Bellenger, Guillaume, XXV.
Bermond d'Anduze, 45.

Bermond de Sommières, 45.
Bernard, Jean, xxv.
Bernard, Etienne, xlvii.
Bernis (le cardinal de), lxxxvi.
Bernis (Françoise de), 44.
Bernis (François de Pierres de), lxxxvi, lxxxvii, 44, 45,
Bertault, Boitart, xxx.
Berthe, Thomas, 45.
Berthélemy, Adam, 51, 52, 53.
Berthélemy, Denis, xxxiv.
Béthisy (Nicolas de), 35.
Beu, Jean, xxvii.
Biberei, Etienne, 20, 21, 23.
Biberei, Jean, 21.
Bidet, Jacques, lxii.
Bisendus de Forfery, vii, 8,
Blaincourt, 32.
Bobusse, notaire, 58.
Bombart, Charles, 60.
Bone (Jean de), xxiii.
Bonjour, Jean, 47.
Bonnaure, Jacques, prieur, xxvi.
Bonrepos (abbé de), lxxxv, 44.
Bony (prieuré de), lxxiii, lxxix, 44.
Bouchel, Florent, lxvi, lxvii.
Bouillon (Antoine de), prieur, lxix, lxxii, lxxxiv, lxxxix, 43.
Bouillon (Jean de), lxxi.
Boulengnies (Hugues de), prieur, xxii, 41.
Boulogne, Jean, lxviii.
Bourbon (Antoine de), lvii.
Bourdeaux (Françoise de), lxxiii, 43.
Bourgoing (Guillaume le), xxvii, xxviii, 45.
Boyleau, Hugues, xxxviii, 51, 52, 53.
Bouteiller (Guy le), vii, 8.
Boutinval, 18.
Brandons (lieu des), xxxvi.
Brasseuse, lxxvii, 60.
Bray, lxxvi. lxxvii, 60.
Brenouille, ix, lx, 19, 34.
Breteuil, 6.
Bretignolles, 44.
Brosse (Pierre de la), prieur, xix, xx, xxi.
Brunnus, Le Brun de Sancerre, v, 5.
Bue, Laurent, 45.

Buffet, Guillaume, 49.
Buisson (Jacqueline le), lxx, lxxviii.
Buisson de Paris (le), lxx, lxxxviii.
Buzenot, Albert, prieur, lxxii, lxxv, 44.

C

Cagniard, L. C. offic. munic. de Fleurines, lxxxix.
Cain, Claude, lxi.
Caignan, Jean, 37.
Cambellan, Jean, xxvii, 50.
Capperon, Jean, 47.
Carrier (Barthélemy le), viii.
Cella, Le Montcel, près Pont-Sainte-Maxence, 4, xxx.
Cens sur une maison à Senlis, 16.
Cens à Villemétrie, 17.
Chaalis, 10.
Château-Rouge (maison du), ix, 20, 22.
Chapelle-en-Serval (la), xli, liii, 61.
Chapelle-Gaton (la), vii, 13.
Chapelle (Pierre de la), 36.
Chapelle (Hersans de la), 36.
Charetier (Jehan le), 26.
Charité-sur-Loire (la), v, xlvii, 5, 9, 13, 23, 37.
Charles-le-Bel, iv.
Charton, Jean, lxxxviii.
Chatel (Jean du), xlviii, 57.
Chaumont, xviii.
Chefecier, lxxxiii.
Chelles (Sainte-Bathilde de), lxxxii.
Cheron, Jacques-Pierre, lxxxiii.
Cherrier, Jacques, lxxiii.
Chesneau, Robert, prieur, lv, lviii, 43.
Choiselle (Jeanne la), xix, xxi, xxii, 54.
Choisel, Pierre, ix, x, xix, 13, 16, 17, 23, 24.
Cinqueux (maison à), viii, xiv, xxiv, lx, 7, 36.
Cinqueux (Henri de), 7.
Clermont (Thibault, comte de), vi, 6, 7.
Cluny (Ordre de), iv, v, vi, xlv, lxxix, lxxxi, 1, 42, 43, 44, 48.
Cohen (prieuré de), xlvi, l, li, 42.

Coleurs (André de), VI, XLVII, 12, 13, 15.
Communauté des habitants de Fleurines, LXXIV.
Commanderie de Lagny, VI, VII.
Compiègne, III, XVIII, 1, 4, 25.
Concques (église de), LXXX, 44.
Conon, Robert, 45.
Contesse, Etienne, XXX.
Corbilly (Claude de), prieur, LXII, 43.
Cordonnier (Pierre le), 26.
Corne de l'Ouye (la), XXXVI, 53.
Cornillier (le), 27.
Cornu, Galeran, XLIII, 57.
Cornu, Thomas, XLIII, 58.
Coudray (Pierre du), XLII, 57.
Coulon, Jean, XXVII.
Courcelles (Gilles de), XIV, 33.
Court (Arnault de la), 34.
Court (Renier de la), 34.
Cousture (Garnier de la), XIV, 34.
Cousturier, prieur, XV, XVII, 41.
Crespy (chemin de), 19.
Crestel, Louis, LXXXVII.
Cretté, Jean, prieur, LX, LXII, 43.
Curé de Balagny, LVII, LXXX.
Curé de Saint-Christophe, 14.
Curé de Saint-Pierre-Pontpoint, XVII.
Curé de Fleurines, XX, XLIII, LXII, LXIX, LXXII, LXXIX.
Curé du Plessis-le-Vicomte, XXVI.
Curé de La Chapelle-en-Serval, LIII.
Curé de Lagny-le-Sec, XXIX, LXXXI.

D

Dambin, Jean, LXVIII.
Dammartin, VII, LXVI, LXVII.
Damoiselle Catherine Larcher, 17, 18.
Danse Claude, LXXIX.
Debonnaire, Jean, LIX.
Deffois (bois du), X, 29, 30.
De Jean, Antoine-Simon, LXXXII, LXXXIII.
De Laitre, 34.
De Lastre, Pierre, L.
De Lorme, Jean, XLII, 57, 58.

Descroisette, 52.
Deslandes, Charles, LXXI, LXXIII, 45.
Deslyons, Jean, LXXVI.
Desprez, Pierre, XLIV.
Devaus, Jean, 14.
Dîme à Saint-Christophe, 14.
Dîme de Lagny, le Plessis-Belleville, XXIX.
Doyen de Saint-Frambauld, 9.
Doyen de Notre-Dame, 9, 14.
Doyen de Saint-Pierre de Beauvais, 35.
Droit de brelan, XXXVII.
Droit de cendrier, 24.
Droit d'échelle, XXXVI, XXXVII, 51, 52, 53.
Droit de gruerie et grairie, XXII, LXIX.
Droit de mainmorte, VI.
Droit de pégier, 24.
Droit de plaids, XIV, XV.
Droit de relief, 61.
Droit de retrait lignager, XI.
Droit de synode et de visite, VI.
Droit de travers, VII.
Droit de vent, LXXXIV.
Droit du roi sur la forêt d'Halatte, 30.
Dubuat, Michel, XXVII.
Dubuef, Yvonnet, XLVI.
Du Drac, Adrien, XLVII.
Dufresne, Daniel, LIV.
Dugest, 61.
Duguet, François, LXXXVIII.
Du Mont, Jean, 7.
Dun, VII, 13.
Durand, Pierre, XXVII.
Duruel, Louis, LXXII, LXXV.

E

Ebrardus de Duno, V, 5.
Echelle, XXXVI.
Ecrevisse (fief de l'), XXXII, LXXVIII, LXXIX.
Ermengarde, 20.
Epine Servelot (lieu dit l'), LXX.
Etienne, prieur, VIII, 9.
Etienne, prieur de Saint-Leu-d'Esserent, XV, 35, 37.
Evrard, maire de Villemétrie, VIII, 9, 10.

F

Faiel (Pierre du), chevalier, XIII, 22.
Favergies, Jacques (de), LI, 42.
Feodandus, Frolland, évêque de Senlis, 4.
Feyssier, Antoine, prieur, LI, 42.
Flan, Flamiche, 25.
Flay (abbé de), VII.
Florea, Simon, 26.
Florine, Fleurines, XX, XXI, XXX, XXXIV, XLI,
     LV LXXIII, LXXIV, LXXXI, LXXXVIII, LXXXIX,
     1, 4, 47, 60, 61, 62.
Fortier, François, LXXV.
Fossé (Eudes du), clerc, 22.
Foucauld de Balagny, VIII, 9, 10, 11.
Fouilleuse (Ada de), XIII, 21, 22.
 —   (Simon de), XIII, 21, 22, 23.
 —   (Thibault de), XIII, 22, 23.
Four banal, XXX.
Fournier, Barthélemy, VIII, 18.
 —   Eudes, 28.
 —   Pétronille, 18.
François Iʳ, roi, XLVI.
Frémin, chapelain, 32.
Frérat, Thomas, 47.
Fresnoy, sa mesure, 32.
Froment, louable, 13.
Fromont, notaire, LXXX, 59.
Fuizelier (Foubert le), 27, 28.
 —   (Hellende le), 27, 28.

G

Gandelus, VII, XLVII, 13.
Garingue, maison, 34.
Gausberlus, Goisbert, évêque de Beauvais,
     II, 1.
Gautier, évêque de Meaux, II, III, 5, 6.
Geoffroy, chanoine et official de Senlis, 8, 10.
Gérard, prieur de la Charité-sur-Loire, 5.
Gilbert, prévôt, 6.
Gouin, Oudart, 24, 25.
Gondy (Paul de), LVIII.
Goullerat, 49.
Gradués, LXXXII-IV.

Grand Conseil, LXXXI.
Grégoire XIII, pape, LVIII, 58.
Gruerie, IX, 24.
Gruyer, XIX, 19, 23, 29, 30.
Guérin, évêque de Senlis, 7.
 —   Jean, XLIX.
Guiard, 27, 33.
Guibert, prieur de Saint-Christophe, VII, 7,
     41.
Gui de Morry, prieur, 41.
Gui de Vieuxcamp, prieur, 41.
Guillanche (Charles de la), prieur, 42.
 —   (Jean de la), XXXI, LI.
Guillaume, prieur de la Charité-sur-Loire,
     XIII, 11
Guillaume, chapelain, 7.

H

Halatte (forêt de), I, II, XIX.
Harcourt (chevalier d'), LXXV.
Hardy (Nicolas le), LXI.
Harlaut, Françoise, 61.
Harlet, Jean, XLIV.
Havy, Jacques, maire de Fleurines, LXXXIX.
 —   Nicolas, notable, LXXXIX.
Hellende, de Saumur, 16.
Hénault, Pierre, LXVIII.
Hennique, Jean, LXVIII.
Henri Iʳ, roi, 4.
Herambourt, Jean, LXX.
Hermenc, Hermene, II, III, 14.
Hermengarde, de Balagny, 9.
Hervé, prieur, 41.
Hiannet, XIII, 11.
Hivernage, 9.
Hugues, abbé de Flay, VII, 7.
 —   de Balagny, 6.
 —   fils de Waleran, II, III, 1, 3.
 —   des Prés, 7.
Hulin, Jacques, 61.
Humières, VII, 13.

I

Ingerand, moine, 7.
Isabelle Choisel, 16, 7.

J

Jacqueline, 21, 23.
Jacques, prieur, xii, xv, 34, 36, 37, 41.
Jean, abbé de Saint-Corneille, 25.
Jean-le-Bon, roi, xxi.
Jean, clerc du prévôt, 32.
Jean, prévôt de Saint-Lucien, vii, 7.
Jean, prieur de la Charité-sur-Loire, 2, 3.
Jolis, Oudart, xv.
Jonenques (Jean de).

L

La Fontaine (Simon de), 47.
La Fosse (l'abbé de), liv, 42.
Lag' y-le-Sec, v, vi, xxxvi, xlii, xliv, xlvi,
    xlvii, xlix, lviii, lx, lxiv, lxv, lxxv,
    lxxx, lxxxv, 5, 6, 9, 12, 13, 37, 57, 60, 61,
    62.
La Grange (Gabriel de), lxxiii.
La Grevache, lxvi.
Laigneville, xxxii, lx, 39, 61.
La Londe (Simon de), xliv, xlv.
La Mire, Olivier, xxvi.
La Mothe Houdancourt (Henri de), lxviii.
Langlois, Geoffroy, 47.
Lanier, Jean, xlix.
La Rocque (Michel de), lxxii, lxxv, lxxxiv.
La Rue (Antoine de), lxv.
Latabonde, Ascelin, 28.
Lathome, Barthélemy, 17.
Launoy (Mahon de), 37.
    — (Pierre de), 37.
Laval, Jean-Baptiste, 60.
    — (Louise de), xxxiv.
Lavaur, xliii.
Le Barbier, Etienne, xxix.
Le Bel, Baltazard, lxviii.
    — Philippe, lxviii, lxxi.
Le Bon, Gabriel, lxii.
Le Camus, Pierre, xxxiv.
Le Clerc, Jean, lxii, lxviii, 43, 58.
    — Louis, prieur, liv, lviii, lx, lxiv,
    lxviii, 43, 58.
Le Clerc, Nicolas, lxi, 43.

Le Coq, Pierre, 14, 19.
Le Couturier, Godefroy, xxxvii, xlvii.
Le Grancher, Adam, 18.
    — Marie, 18.
Le Gras, Louis, prieur, lxxvi, ix, 44.
Le Large, Thomas, prieur, lxviii, 43.
Lenoncourt (Robert de), cardinal, l, li.
Léon X, pape, xliii, xliv.
Lepage, Pierre, xxiv, 59, 60.
Le Riche, Claude, lxii.
Le Roy, François, lxv, lxviii.
    — Jean, xxxvii, xlvii.
Le Tannois, François, lxxix, 44.
Lin et chanvre (dîme sur le), 36.
Loisel, Claude, lx, lxii.
Lorfelin, Durand, 26.
Louis XI, roi, xxxviii.
Luillier, Philibert, lxiv.
Lys (Jeanne du), xli.

M

Maillac de Sacquenville (Louis de), lxv.
Maillard, Pierre, chapelain du Plessier, 32.
Marcellot, Jean, lxii, lxiii.
Maison à Cinqueux, vii, 6.
Maison à Rieux, 11, 12, 21, 22.
Maison à Senlis, hors la porte Saint-Sanc-
    tin, 16, 17.
Maison à Saint-Christophe, 26, 27.
Marie Choisel, 16.
Martineau, Guillaume, prieur, lxxii, lxxvii,
    43, 44.
Mathieu, abbé de Saint-Denys, x, 30.
    — chapelain, xvi, 37.
Mauny (Jean de), potier d'étain, xxix, xxx,
    xxxii, lxxviii.
Maupeou, notaire, 43.
Meaux (doyen de), 37.
Médicis (Jules de), cardinal, xliii.
Meldensis pagus, iii, v, 1, 4, 9.
Mélée, rixe, 23.
Mello, baronnie, xviii.
Melun (Philippe de), xxvii.
Menou (Daniel de), lxxxv.

Menou (Louis de), prieur, LXXIX, LXXXII, 44, 59, 62.

Merrain, xx.

Mesnil (Gautier du), 19.

Michy (Gérard de), XLV.

Minos, Claudius, LX, 59.

Milon, prieur de la Charité, 29.

Mogneville, XXXII.

Moivinet (fief de), LXVIII, 61.

Moncel (Dames du), XXX.

Moncornet (Gérard de), XV.

Montaigne (Saincturion de la), LXVI.

Montaigny (Jean de), XL.

Montataire, 6.

Montaulnay (Etienne de), LXXIX.

Moreau, François, LXXXVIII.

Mory (Gui de), prieur, XXIV, XXV.

Mouchy-le-Châtel, baronnie, XVIII.

Moulin de l'Evêché, 26.

Mouton (Jean du), XXIII.

N

Narbonne Pelet (Claude de), LXXXVI, 44.
— — (Joachim de), LXXXV, 44.

Neuville-en-Hez (la), XVI, 37.

Nicolas, prieur, VIII, 9, 41.

Nielle (Simon de), XI, 30.

Noë Saint-Remy, 25.

Nogent (Hémard de), 31.

Notre-Dame de Senlis, III, VI, 4.

Noyal, Magdelaine, LXXVIII.

O

Official de Beauvais, 32.

Official de Meaux, VI, 9.

Official de Senlis, XIII, 9, 12, 26, 27, 28, 29.

Ognon, 60.

Olland, chantre, 6.
— prévôt, 6.

P

Pacy (Pierre de), XIX, XXII, 54.

Pairs, 24, 25.

Parent, Christophe, XXXIV.
— Claude, XXVIII.
— Antoine, XXIX, XLII, LIII, 41, 57.
— Zacharie, XXVIII, XXIX, XLII, XLVIII, XLIX, L, 49, 50. 57.

Parvi, Guillaume, évêque, XLV.

Pasnage (droit de), 31.

Past, 24, 25.

Pâturage, 31.

Paul II, pape, XXXI.

Pennet, Philippe, prieur, LI, LIII, 42.

Périn, curé du Plessier-le-Vicomte, 38.

Peton, Mathieu, curé, XLIX.
— Mathurin, XLIII.

Philippe I", roi, III, IV, V, VI. 1, 3, 4, 5.

Philippe III, le Hardi, X, XI, 29, 56.

Picquet, Nicolas, sergent, XXXIV.

Pierre, prieur, X, 28, 29, 31, 41.

Pierre qui corne (la), LXX.

Pierre de la Brosse, prieur, XXVII, 41.

Pierre, fils de Wal·ran, V, 5.

Pierre de prés, 7.

Piétrequin, Pierre, LXXVII.

Pilori, XXXIV.

Pirlot, Jacques, LXXX.

Plége, XIII.

Plessis-Belleville (le), 8, 12, 60, 61.

Plessis-Choisel (le), 17.

Plessis (Jean du), Gruyer, X, 19, 29, 30, 31, 56.

Poitevine ou picte, 28.

Pompoint, III, XV, XXII, XXIV, XLIX, 1, 4, 24, 25, 35, 36, 37, 38.

Pompoint, Guillaume (de), écuyer, 27.
— Pierre (de), 38.

Ponce d'Ambon, grand-maître des Templiers, VII, 12.

Pont-Sainte-Maxence, 1, 4, 49, 50.

Pontoise, XVIII.

Porte-l'Eguillère, à Senlis, XLIII.

Potier, Nicolas, sieur de la Mairie, LXXXIV.

Prédeseigle, René, prieur, LI, LII, LIII.

Pressoir, à Rieux, 11.

Prévost, Etienne, prieur, 41.

Prévôt de Clermont, XIV, 37.
— de Senlis, XXVI, 30, 31.

Prévôt de Pont, xxiv, 24.
Prieurs de Saint-Christophe, 41, 45.
Prise de possession, 50.
Privilége royal, en faveur de l'abbaye, 3.
Provisions du prieuré, 50.

R

Rainaldus, Renaud, fils de Wateran, ii, iii,
  v, 1, 3.
Rainaldus,   , 5.
Raoul, comte de Clermont, vii, 6.
Raoul, prieur de Saint-Christophe, v, 6, 41.
  — II, prieur, ix.
  — du Bosc, v, 5.
Redevance en grains à Lagny-le-Sec, 15.
Regnault, curé de Fleurines, 47.
  —   de Luzorches, curé de Rieux, xii,
  11.
Renauld, de Montigny, vii, 7, 8.
Rente à Villemétrie, viii, ix, 9, 10.
Reuil, 13.
Ribergau, Antoine (de), 61.
Richilde, serve, à Pont, iii.
Rieux, iii, iv, ix, xii, xiv, 1, 4, 11, 21, 22, 23.
  — Agnès (de), 32.
  — Nouvion (de), 32.
Robert, évêque de Beauvais, xii.
  —   de Nevers, vii, 15.
Rogerie, Jean, xlvi.
Rostolum, Rotheleu, iii, 4.
Rouen, église (de), 35.
Royaumont, abbé (de), lxxv.

S

Sailleville, Sageville, 39, 60.
Saingue ou Samgas. Antoine, li, 42.
Saint-Adrien de Béthisy, ii.
Saint-Christophe, prieuré, 1, 3, 4, 5, 6.
Saint-Corneille de Compiègne, 25.
Saint-Frambauld, vi
Saint-Leu (Franço.s de), lxxix.
Saint-Leu-d'Esserent, lvii, 35, 37.

Saint-Martin-des-Champs, xlii.
Saint-Martin-de-Mitry, lxxxiii.
Saint-Martin-Longueau, xxviii, xlvi.
Saint-Maurice de Senlis, xliv, xlvi.
Saint-Médard de Soissons, xliv.
Saint-Pierre de Beauvais, ii, 1, 3.
Saint-Pierre-Pontpoint, xlviii, lvi, lxxvi, 4.
Saint-Quentin de Beauvais, ii.
Saint-Rieule de Senlis, lvii.
Saint-Sanctin (porte), 16.
Saint-Simon (Guillaume de), xl, xlii.
Saint-Vincent de Senlis, ii, xliv.
Sainte-Marie-sur-Loire, i, 5.
Salviati, Antoine-Marie, lviii.
Sanctissima, xiii.
Sarrasin, Pierre, 26.
Saumur (Pierre de), 16.
Sébert, Alexandre, 60.
Scrannus, clerc, 25.
Ségaud, prévôt, v, 5.
Séguin, François, lxxvii.
Selenensis curia, 12.
Sempigny (Thibault de), xxviii.
Sénéchal (Jean le), 6.
Senlis, iii, 1.
  — (maison à), 16.
Sévin, Hugues, chantre en dignité, xlvi.
Serment d'Antoine Parent, 58.
Sincueric, Sineverie, Sennevières, iii, 1, 4.
Sponville, Ignace-Jannez, lxxxviii.

T

Table de marbre, xxxiv.
Tancarville (comte de), xxv.
Templiers à Lagny-le-Sec, 12, 15.
Terric, chancelier, 8.
Tescelin, moine, 6.
Testelin, procureur de Fleurines, lxxxix.
Thévenin, Claude, lxxiii.
Thibault, Louis (chanoine), lxxiii.
  — (comte de Blois), vii, 7.
  — (de Verneuil), 11, 12.
Thiers, viii, 10.
Thoré (M. de), lxv.

Tiraqueau, André, xlvii.

Travers (droit de), vii, 6.

Troan (mesure de), 13.

Troussebois, Etienne, prieur, xxii, xxiii, xxiv, 49.

Tuilerie de Fleurines, xxiii.

Tumeny, 48.

U

Usages de Fleurines, lxxiv.

V

Vallery, Adam, lxix.

Valois, xviii.

Vély (Richard de), xxi.

Vente Godard (La), lxxviii.

Verberie, xviii.

Verneuil (Thibault de) xiii.

Verneuil, 60.

Vérines (le sieur de), lxvi, lxvii.

Vest (Pierre de), 56.

Viefville de Vignacourt (Adrien de la), lxxx.

Vieuxcamp (Gui de). prieur, xxvi. xxviii, 50.

Villa Scabiosa (Pierre de), 20.

Villemétrie (rente à), viii, ix, x, liii, lix, lxxvii, lxxxvii, 9, 10, 17, 18, 25, 26, 28, 60.

Villemétrie (Guiard de), xii.

Villers (Simon de), xiii, xiv, 33.

— (Gautier de), 17.

— Safnt–Frambauld, xxxiii.

Villiers, xlvii.

Villers–sous–Gaudelus, 13.

Vinnet (Louis de), lxviii.

Visite (droit de), 6.

W

Waleran, fondateur du prieuré, iii, iv, vi, **1**, 3, 4, 5.

Walcot, abbé, 6.

Wautier, archidiacre, 1, 3.

Waru (Jean de), xxvi.

Warin, Guérin, v, 5.

Watrin, Jean, lxxix.

LISTE CHRONOLOGIQUE

DES ACTES CONTENUS DANS LE CARTULAIRE

1. Privilége du roi Philippe I" en faveur de la petite abbaye de Saint-Christophe-en-Halatte. 3.
2. Donation de la pe'ite abbaye au Prieuré de la Charité-sur-Loire. 5.
3. Donation de la cure de Lagny-le-Sec au Prieuré de Saint-Christophe. 5.
4. Travers de Creil. 6.
5. Dîme de Balagny donnée à Saint-Christophe. 7.
6. Maison à Cinqueux. 7.
7. Dîme de Balagny. 8.
8. Approbation de cette donation par Gui le Bouteiller. 8.
9. Menues dîmes de Lagny-le-Sec, Belleville et le Plessis. 9
10. Rente à Villemétrie. 9.
11. Confirmation de cette rente par l'Official de Senlis. 10.
12. Rieux, maison et vigne près de l'Eglise. 11.
13. Jean de Verneuil renonce à ses droits sur cette maison. 11.
14. Confirmation de la donation par l'Official de Senlis. 12.
15. Vidimus de la Charte du Maître du Temple, en France, au sujet de la redevance de 50 muids de grains à Lagny-le-Sec. 12.
16. Donation d'une pièce de terre à Balagny. 13.
17. Donation d'un arpent de terre à Saint-Christophe. 14.
18. Dîme de Saint-Christophe concédée au Prieuré par le doyen et le chapitre de Senlis. 14.
19. Confirmation par le Prieur de la Charité-sur-Loire. 15.
20. Vidimus de la Charte relative à Lagny-le-Sec. 15.
21. Pierre de Saumur vend au Prieuré une maison sise à Senlis. 16.
22. Réserve d'un cens de 20 sous sur cette maison. 16.
23. Approbation de Pierre Choisel. 17.
24. Cens et surcens de 18 sous parisis à Villemétrie. 17.

25. Pierre l'Archer vend au Prieuré deux pièces de terre à Saint-Christophe. 17.
26. Cens et surcens de 13 sous parisis à Villemétrie. 18.
27. Marie Grancher vend une pièce de terre sise à Saint-Christophe, au Prieuré. 19.
28. Cens à Brenouille, cédé par Pierre le Coq. 19.
29. Cession du droit seigneurial sur un fief sis à Saint-Christophe. 20.
30. Cession de droits sur la maison du Chapeau rouge, à Senlis. 20.
31. Cession de droits sur une maison sise à Rieux. 21.
32. L'official de Beauvais confirme cette cession. 22.
33. Garantie au sujet de cette maison. 23.
34. Adam, évêque de Senlis, accorde au prieur la main-morte pour la maison du Chapeau
     rouge. 23.
35. Justice des bois de Saint-Christophe. 23.
36 Pierre Choisel renonce à prendre indûment le bois du Prieuré. 24.
37. Oudart Gouen renonce à un repas annuel à Saint-Christophe. 24.
38. Jean de la Croix renonce à un repas annuel à Saint-Christophe. 25.
39 Cens et surcens de 5 sous parisis à Villemétrie. 25.
40. Maison et jardin pris à cens à Saint-Christophe. 26.
41. Deux arpents et demi de terre au Cornillier, achetés par le Prieuré. 27.
42. Foubert le Fuizelier donne au Prieuré une maison à Saint-Christophe. 27.
43. Guiard vend au Prieuré un cens de 7 deniers parisis et un surcens de 31 sous 7 deniers
     parisis. 28.
44. Transaction entre le Gruyer et le Prieur au sujet du bois du Deffois. 29.
45. Guillaume de Blaincourt se reconnaît débiteur d'une rente de trois mines de blé. 31.
46. Agnès de Rieux reconnaît avoir cédé tous ses droits sur des biens sis à Saint-Chris-
     tophe 32.
47. Simon de Fouilleuse renonce à tous ses droits sur une maison sise à Rieux. 33.
48. Simon de Villers fait la même cession, sauf une petite réserve. 33.
49. Location de la maison et vigne de Rieux. 34.
50. Arbitrage pour la dîme de Saint-Pierre-Pontpoint. 35.
51. Location de la maison et vigne de Cinqueux. 36.
52. Location des menues dîmes du Plessier et de Lagny-le-Sec. 37.
53. Arbitrage pour les dîmes de Pontpoint. 37.
54. Droits respectifs du Prieur et du Curé sur les menues dîmes de Pontpoint.
55. Dîmes de Sailleville et Laigneville.

———————

Liste chronologique des Prieurs de Saint-Christophe. 41-45.
Sacristains de Saint-Christophe. 45.

———————

APPENDICE

1. Justice des bois de Saint-Christophe. 47.
2. Lettres royaulx en faveur du Prieur et des religieux de Saint-Christophe-en-Halatte, pour leur faciliter le paiement de leurs dettes. 47.
3. Conversion d'un dîner en 4 livres de rente. 48.
4. Provisions pour le Prieuré. 50.
5. Prise de posses-ion par Zacharie Parent, prieur. 50.
6. Réédification des fourches patibulaires. 51.
7. Relevé des droits du Prieuré. 53.
8. Bulle d'Alexandre VI autorisant Zacharie Parent à résigner son prieuré **en faveur** d'Antoine Parent. 56.
9. Fulmination de cette bulle. 57.
10. Formule du serment prêté par le Prieur.
11. Lettre de condoléance en vers sur Louis le Clerc, par Claudius Minos. **58.**
12. Déclaration de tous les biens, revenus et charges du Prieuré en 1712. 59.

www.ingramcontent.com/pod-product-compliance
Lightning Source LLC
Chambersburg PA
CBHW052344090426

42739CB00011B/2309